고무신

| 제15회 시세계문학상 수상기념 시집 |

고무신

김왕제(왕기) 제5시집

고향 평창을 그리워하는 시인의 이야기

도서출판 천우

고무신, 삶의 노래

나는 어려서부터 고무신을 신고 세상을 걷기 시작했다.

이제는 나도 고무신을 신지 않고, 우리나라에는 고무신을 신는 분들이 많지 않지만 나에게 고무신은 생각할수록 그리움의 대상이다. 고무신 자체보다도 고무신을 신고 살아야 했던 세대의 고단하고 허기진 생활 속 정이 넘치고 포근한 마음으로 지냈던 시절의 애증과 그리움이 아닐까.

한국전쟁과 일본의 침탈로 피폐한 1960년대에 태어나 살면서 늘 배고픔과 허허로움에 짓눌려 정체도 모를 무엇인가를 찾고 이루기 위해 버둥거린 아픔만 남았다. 늦가을 비가 내리는 날에 문득 든 생각은 '고무신을 신고 산 세대의 삶이 오늘 우리의 생활에 얼마나 큰 영향을 미쳤을까?' 하는 의문이다.

이러한 생각이 나를 고향과 그동안에 살아온 삶에 대한

회억으로 이끌고 시를 쓰게 했다. 시는 그리움에 머물지 않고 미래를 창조하는 주춧돌이다.

문학은 이념과 종교보다도 강한 힘을 지니고 있다. 문학의 힘은 사람의 본질과 삶에 깊이 스며 있는 가치와 근원을 찾는 창작이기 때문이리라.

이제 사람이 존중받는 진정한 자유와 평화, 정의의 시대를 갈구하는 문학인으로서 나의 정체성을 찾고, 이렵지만 세사에 거스르지 않고 '물처럼 바람처럼 구름처럼' 살며, 실수도 많고 바보스럽지만 한 사람으로서 이 세상을 알뜰히 살고자 하는 소망을 다섯 번째 시집 『고무신』에 담아냅니다.

2018년 6월

김왕제

제 1 부

고무신

제 2 부

할미꽃

제 3 부

멍석딸기

제 4 부

장평정거장

제 5 부

빈 의자

제 6 부

가을밤

제 1 부

고무신

가마솥

가을걷이 끝에 곡식을 한 지게 지고
삼십 리 봉평장에 가신 아버지
점심때가 되기도 전에 지고 오신 가마솥

아버지 쉰 땀내가 가시기도 전에
어머니는 무쇠 가마솥을 몇 번이고 씻고는
솥뚜껑부터 들기름을 살살 바르셨지

그날은 입쌀도 섞은 강냉이밥을 안치며
청솔가지 뚝뚝 꺾어 아궁이에 넣으면서
어머니 옅은 미소가 아로새겨지던 가마솥

모처럼 열한 식구가 배불리 먹고
어른들이 일터로 가신 뒤에도
칠 남매가 누룽지를 싸우지 않고 먹었지

잡곡밥이다 콩밥이다 보온이다 알리며
누르면 자동으로 밥이 되는 전기밥솥보다
그날 어머니의 미소가 그려지는 가마솥.

고무신

할아버지 제삿날에 도시 고모님들 모여
할아버지 삼으신 짚신이 세상 최고라며
발에 맞게 삼아주신 고마움 늘어놓으면
겨울달빛이 쌓인 눈이 대낮같이 밝아서
디딤돌에 가지런히 곱고 곱던 꽃고무신

할아버지 기막힌 솜씨로 삼은 짚신보다
과년한 여인네 가만가만 걸어가기 좋은
강제공출 피하려 곡식 지고 다니기 좋은
죄 없는 아버지 징집 피해 다니기 좋은
일제 억압을 다들 질기게 견뎌낸 고무신

느닷없이 산천을 울리는 총포 소리에 놀라
마을 사람들 서둘러 보따리 둥쳐 이고지고
공산주의도 민주주의도 모른 채로 덩달아
아버지 어려서 홀어머니 양어머니와 함께
6 · 25 한국전쟁 피난길 오가며 신던 고무신

온통 마을이 전쟁으로 아수라장으로 변해
산골에 농사일하는 사람은 몇 명 안 되고
마을 사람이 공산당 완장을 차고 작당하다

삼 년도 못 돼서 종전되니 완장을 찼다면서
멍석말이 당한 사람들이 벗어 던진 고무신

초등학교 다닐 때에 가끔가다 나눠주던
모르는 영어 세 자가 커다랗던 포대에서
바가지로 푹 퍼서 헝겊자루에 담아주던
건빵이나 밀가루 우윳가루 어깨에 메고
오리길 걷다 보면 땀에 벗겨지던 고무신

학교 운동회 달리기할 때에 차라리 벗고
귀갓길 멱 감을 때는 바위 위에 벗어놓고
강아지가 물어뜯을까 봐 마루에 올려놓고
부잣집 친구는 운동화 꺾어 신고 다녀도
부럽기보다 닳을까 걱정이던 검정고무신

하지가 되지도 않았는데 감자 두둑 헤쳐
조막만한 감자만 캐내고 되묻을 즈음에
열한 켤레 몽땅 검정고무신이던 봉당엔
윗동네 김 부잣집 장례식에 가신 할머니
조문 답례로 받은 하양 고무신 한 켤레

초등학교 6학년에 도시로 전학 갈 때에
아버진 하양실로 기운 검정고무신 신고
허름한 옷차림에 새끼줄로 등짐을 지고
나는 작은 쌀자루를 등에 진 채 따르며
난생처음 신었던 운동화로 잊힌 고무신

아버지 쟁기질 배울 때에 밭가에 벗어두고
어머니 김매기 할 때마다 밭가에 벗어두고
여동생들 닭을까 두 손에 들고 달리기하고
남동생과 나는 배를 만들어 도랑에 띄우던
인생의 애환과 격동의 세월이 배인 고무신.

고향

이 넓은 세상에서 가장 사랑하는
부모님과 처자식으로도 채우지 못하는
마음에 허허로움이 알 수 없이 일면
때로는 시도 쓰다가 때로는 노래도 부르며
참고 참다가 그래도 풀어내지 못할 때에는
나는 서슴없이 고향으로 달려가지요

고향이래야 단층집 몇 채 덩그런 산골마을에
허리수술로 장애가 있는 늙으신 부모님과
젊어서 혼자되신 늙으신 이웃 할머님들과
몇 해 전에 혼자되신 이웃할아버님과
어디서 어떻게 살았는지 모를 귀촌 노부부들이
칠 남매 정다운 유년 시절을 대신해 살지요

고향에 도착하자마자 할아버지 묘를 찾아
음료수 석 잔 따라 올리고 절 두 번 하면
가슴에 쌓이고 쌓였던 수많은 아픔이
봄눈 녹듯이 볼을 타고 흘러내리지요

농사일로 늦은 저녁을 부모님과 먹고
떠나려는 면온 하늘에는 밝은 별 무리
아 저 별을 보려고 얼마나 그리웠던가.

초가집

맑고 푸르러 더 드높은 가을 하늘
오색으로 단풍이 물드는 뒷산 아래
모양이 다른 호박돌로 쌓아 올린 돌담
싸리나무 한 움큼씩 묶어 세운 사립문
낙수 떨어져 골이 패인 아담한 마당
외양간에 정답게 소죽을 먹는 암소
볏짚으로 이엉을 엮어 단장한 지붕
지붕 위에 평온히 어우러진 박 넝쿨
저녁밥 짓는 연기 모락모락 올라가면
신나게 놀다가도 서둘러 돌아가던 초가집
황토흙벽에 저녁노을이 깃들면
둥그런 지붕처럼 마음이 편안하던 초가집
나 언제나 그 시절로 돌아가서 살아보나.

부치미

대관령 초입의 산골마을에
노랑나비 아지랑이 타고 오면
산에선 뻐꾸기 뻐꾹뻐꾹 울고
산기슭에 잔설이 마저 녹으면
길든 암소로 굳어진 밭을 갈고
이랴 소몰이 소리 울려 퍼지고
구불구불 이랑이 새로 생기면
손으로 두둑마다 씨앗을 놓고
풍년을 기원하는 마음도 심고
해마다 이어지는 부치미를 하네.

나룻배

봄비가 내려 못 오시나
낡고 조그만 나룻배는 봄비에 젖는데

봄버들이 잎을 피우고
뭉클뭉클 기다림은 이는데

겨우내 얼었던 강도 녹아
언제라도 나룻배는 띄울 수 있건만

이 봄에도 끝내 안 오신대도
아주 우리 언약을 잊었을 리야

철선에 녹이 나서 삭아진다고
그대 그리움이 사그라질리야.

키(箕)

가을걷이로 거둔 곡식 낟가리
밀잠자리 마당에 가득 날면
둘둘 말아두었던 멍석을 척 깔고
박자까지 맞추며 내리치는 도리깨질

도리깨에 맞은 깍지에서 튕겨지는 낟알
할머니는 앉은키보다 더 큰 키로 까불며
티끌뿐 아니라 쭉정이까지 골라내고
알곡만 예쁘게 골라 자루에 담았지

동생들과 불장난하다가 잠이 들던 밤에
오줌을 누고 옷은 물론 이불까지 적셨더니
이튿날 아침에 키를 머리에 씌우면서
옆집에 가서 소금을 얻어오라 하셨지

검부러기는 날리고 낟알만 고르던 키
나에게 키는 낟알을 까부르는 도구보다
옆집 순이가 보는 앞에서 소금을 얻던
쑥스럽고 창피한 추억이 살아나는 키.

벽난로

제아무리 차갑게 식은 벽난로도
불사리개로 살며시 불을 지피면
달아오른 열로 온몸이 따뜻하고
불쏘시개로 살살살 건드려 주면
달아서 달아서 화끈화끈 열나지
잔불이 사그라져도 은근히 식지
팥죽 끓듯 변하는 인간의 마음에
버리지 못하는 미련으로 기댄들
은근히 달아서 화끈하게 열나다
그러다 은근히 식는 벽난로만 하랴.

그리운 면온

하늘이 푸르고 드높은 가을이면
그리워지는 내 고향 면온
너른 마당 빨랫줄에 잠자리가 앉아 쉬고
얌전한 암소가 풀을 뜯을 때면
도랑에서 누렁개와 함께 가재를 잡았지
그래도 심심하면
뒷산 자락 밤나무 밑에 알밤을 줍다가
우연히 만난 그녀에게 말도 못 건네고
부끄러워 돌아오던 오솔길에 두고 온
어린 시절에 달뜨게 꾼 꿈
보랏빛 칡꽃 맛처럼 쌉쌀하고 아릿한
그 꿈이 있는 내 고향 면온
세월이 고향을 아련히 데려가도
그래도 그리운 고향에 돌아가
초가집 처마 끝에 하나 더 매달아둔
애달픈 꿈을 이제는 찾고 싶습니다.

팔석정

솔향이 바람에 묻어나는 봄날에
쑥 뜯는 처녀를 따라 다다른 팔석정
짙붉은 철쭉꽃이 헉 숨을 멈추게 하고
홍정천 푸른 물이 휘돌아나가는 소에는
하늘에서 흐르던 구름이 먼저 와 멱 감고
봉래선생 앉았던 기이한 바위에 앉았더니
사발 막걸리를 안 마셔도 절경에 취하는데
오호라 여덟 선녀가 바위마다 앉은 듯하고
태기산에서 불어오는 봄바람이 실어온
흙과 산나물 들꽃 향기가 하도 그윽해
나그네의 외로운 여정을 잊게 하누나.

헌 돈

거스름으로 받은 헌 돈 한 장
비뚤비뚤 맞춤법도 안 맞는 낙서
'지향이내 7천 냥' 이라는 연필 글씨
한 모서리는 신문지로 덧붙이고
구겨졌던 자리마다 남은 많은 선
김칫국물이 묻어 마른 붉은 자국
노점상 할머니가 거스름으로 준 돈
주머니에 넣고 조물조물 만지자니
우련하게 나타나는 우리 할머니 모습
생전에 타향으로 떠나는 어린 나에게
속곳 쌈지에서 꼬깃꼬깃 접힌 헌 돈을
외양간 뒤로 데리고 가서 몰래 주셨지
오늘 내가 거슬러 받은 이 헌 돈에는
하양 머리카락 할머니가 어른어른.

고치

부치미하느라 소 모는 소리
산골짜기에 울려 퍼지는 오월
알에서 꼬물꼬물 나오는 누에

할머니는 벌써 다래끼 차고
파릇파릇 돋아나는 뽕잎 따러
길도 없는 몽돌밭가 산비탈을 오르시고
구수한 산비둘기 우짖는 소리

할머니 새벽이슬에 젖으며 딴
야들야들 오뉴월 산뽕나무 잎을
바지락 바지락 갉아먹고 자라서
하양 피부가 말갛게 속이 보이면
청솔가지에 올라 고치를 짓게 되자
할머니는 주름진 얼굴에 은근한 미소로
누에가 고치를 지어야 누에지

번데기가 되면서도 소임을 다한 누에
사람이 본받을 만큼 값지게 실을 뽑아
동그랗고 새하얀 소중한 고치.

보습*

겨우내 외양간에서 지내다가
봄볕에 민들레꽃이 피어나면
아버진 움메 우는 누렁 암소를
부리망부터 주둥이에 씌우고
쟁기에 반듯이 끼워 달던 보습

돌밭을 갈기에 좋은 선쟁기
봇줄에 멍에까지 챙겨서
낡은 지게에 얹어지고는
순둥이 누렁 암소 고삐를 잡고
비탈진 밭에 다다른 아버지

아침 햇살에 연분홍 고운 진달래꽃
고된 밭갈이 지친 피로를 달래고
뉘엿뉘엿 해질녘까지 이랴 이랴
아버지 소 모는 소리 골짜기에 울리고
돌에 걸려도 밭고랑 늘리는 보습.

* 보습 : 쟁기, 극젱이, 가래 따위 농기구의 술바닥에 끼우는, 넓적한 삽 모양의 쇳조각. 농기구에 따라 모양이 조금씩 다르다.

포대기

출장길에 고향마을을 지나는데
때마침 내리는 첫눈

제법 성긴 눈발 사이로
어른어른 보였다 사라지는
포대기에 아이 둥쳐 업은
등이 굽은 할머니 모습

오늘같이 첫눈이 내리고
몸살 걸린 듯 으스스 추운 날에는
포대기로 감싼 따스한 할머니 등에 업혀
새근새근 단잠을 자면 참 좋은데
그리운 할머닌 벌써 돌아가시고
이젠 그때 할머니 나이가 되어가니
야속하게 흘러가는 세월만 탓할 밖에야

알록달록 고운 새 포대기는 아니라도
어릴 때에 감싸여서 업혔던
누덕누덕 기운 때 절은 포대기면 어떠랴
죽어지기 전에 단 한 번만이라도
감싸여 업히고 싶은 포대기.

족두리

아주 어려서 고모네 누나가 시집을 간다고
길섶 잡초에 맺힌 이슬에 바짓가랑이 적시며
부모님 따라 찾아간 고모네 초가집
마당엔 이미 가득한 혼례식 하객

혼례식에 살짝살짝 흔들리던 족두리
식이 끝나자 가마에 타기 싫다고
족두리가 흔들리게 흐느끼며
서러이 울던 고모네 누나
쪽 찐 머리에 얹은 우아한 족두리

딸이 하얀 면사포를 쓴
예식장 의자에 앉은 누나
오늘은 하얀 장갑으로 눈물만 훔치고
누나는 왜 울까 더해지는 궁금증

예식장 계단을 내려가려는데
고운 한복에 족두리 쓴 예쁘던 누나
희미하게 어른거리는 흔들리던 족두리.

비녀

할머닌 돌아가시는 날까지
긴 머리카락을 참빗으로 곱게 빗어
쪽머리를 만들어 비녀를 꼽았지

새벽마다 잠자리에서 일어나시면
빗질로 빗고 또 빗고 수십 번을 빗고는
의례처럼 엄숙히 쪽진 머리에 꼽던 은비녀

까치설날에 할머니는 참빗이 닳도록
머리카락을 다듬고 다듬어 꼽던 은비녀

농사일 도우러 간 고향집
하필 소낙비가 하루 내내 오락가락하기에
방 청소하다가 낡은 궤짝에서 찾은 은비녀

반드시 할머니 은비녀일 수밖에 없지
나는 빛바랜 비녀를 손에 들고
쪽 찐 머리에 비녀를 곱게 꼽았던
돌아가신 할머니를 애타게 그리워합니다.

물레

겨울바람에 떠는 문풍지 소리 벗을 삼아
삼곶해서 찐 삼 껍질을
누런 이로 가늘게 찢어서
서리서리 바구니에 담아두고
치마 훌렁 걷어 뽀얀 무릎에 비벼 꼬아서
삼실을 밤이 새도록 이어 삼아
물레에 걸어 삼실을 자아냈지

물레 잦는 소리 잠결에 들으며
나는 동생들과 단잠을 청하고
등잔불이 가물가물 졸아도
할머니는 겨울밤 꼬박 물레를 자았지

돌고 돌아가던 물레 소리 멈추면
새벽닭이 이내 겨울 새벽을 알렸지

이제 할머니도 문풍지 소리도 없으니
모진 삶에 밤새워 잦던 물레 소리는
언제나 다시 들어볼 수 있으려나.

봉평장

봉평 장이 섰던 사십 년 더 지난 어떤 날
따라오지 말고 집에서 놀라는 아버지께
걸어갈 수 있다고 콧물 닦으며 졸라서
새벽밥도 먹는 둥 마는 둥 따라갔었지

아버지는 콩 세 말을 새끼줄 멜빵으로 메고
어머니는 강냉이 두 말 넣은 자루를 머리에 이고
나는 작대기 양 끝에 닭을 매달아 어깨에 메고
새벽이슬이 맺힌 산길로 장꾼들 뒤를 따랐었지

아침나절에야 당도한 장터는 이미 성시(成市)
몇 원이라도 더 받으려 장사꾼과 흥정하며
이 골목 저 골목을 기진하게 따라다니자니
맨발에 땀이 차서 밀커덩 벗겨지던 검정고무신

알록달록 옷가게 앞에서 옷 사 달라 조르자
몇 군데 더 구경하자며 내 손목을 끄시더니
신발 난장에서 사주신 하양고무신 한 켤레
국밥 한 그릇 나눠 먹고 신나서 구경하던 봉평장.

제 2 부

할미꽃

할미꽃

들풀도 나지 않은 이른 봄날
지난해 겨울 혹한에 동사한
산 너머 마을에 할머니 소식
전설처럼 일러주는 애잔한 할미꽃

행여 못된 손길 닿을까
암벽 틈바구니 깊이 뿌리내리고
꽃받침마다 인정 어린 솜털 돋아
고결하고 우아한 보라색 할미꽃

아무리 어렵고 힘에 겨워도
누구에게도 내색하나 하지 않고
자식들에게 쏟은 사랑과 희생
그러나 자식들은 다 모르지

세상살이가 다 그렇고 그렇다며
힘에 겨워도 이겨내며 살라고
슬퍼도 절대 내색하지 말라고
먼저 고개 숙이는 할미꽃.

나팔꽃

부슬비 그치고 무지개 핀 구월의 아침
묵밭 가장자리로 대충 쌓은 돌담에
얼기설기 엉긴 넝쿨 마디마다 피어
어우러진 꽃이 어여쁘기 그지없어라

묵밭 뒷산으로 이어진 오솔길에 돋아나
한여름 삼복지경을 기어이 다 견뎌내고
땡볕과 비바람에도 튼실하게 자라서
때때로 이어 꽃을 피우니 더 고와라

가을 햇살에 사랑을 연주하듯
하양 자주 보라색 나팔 모양으로
설핏설핏 피어 한데 어우러졌으나
그래도 보라색 나팔꽃잎이 애틋하여라

백로가 며칠 지난 절기에도
새순이 하늘을 향해 자라나니
견우(牽牛)라는 별칭이 지나치지 않아
엉긴 넝쿨마다 새순이 장하기도 하여라.

도라지꽃

햇살 부신 초가을 산비탈 꼭대기에
잡풀 사이에서 목을 삐죽이 내밀고
산들바람을 즐기며 흔들거리는 도라지꽃

짙은 하양이나 보라색 꽃이라
흔적도 아련한 비탈진 산길에서도
언뜻언뜻 눈에 띄는 도라지꽃

꽃은 따다가 화전을 부치고
백도라지 뿌리는 조심조심 캐서
할아버지 댓진 삭이는 닭백숙에
줄기와 잎까지 다 쓰는 도라지

인적이 드문 높은 산비탈마다
여기저기에 멋대로 나서 피던
여행을 하다가 어쩌다 만나면
고향 그립게 하는 도라지꽃.

금낭화

봄바람 산들 부는 한갓진 골짜기에
녹색 잎사귀 다복다복 돋아나 퍼드러져
어느 누구라도 보기만 해도 흐뭇해지고
꽃망울 달고 발그스름한 꽃대가 올라오면
아무리 가슴이 메마른 사람이라도
꽃망울마다 맺히는 사랑의 징표
아 빨강 유혹을 어찌 주체할 수 있으랴

봄비가 촉촉이 밤새 내린 아침에
벌 나비 순서도 없이 다녀가고
바라보고 있기만 해도 흐뭇한
초롱초롱 꽃망울 차례로 피어
심장에서 솟는 사랑의 기쁨을 주면
그대가 나를 사랑하는 만큼은 아니라도
나는 나를 사랑하는 그대를 따르겠습니다.

개불알꽃

나는 꽃이지
나를 어찌 멍멍 짖는
개의 불알로 보느냐

비록 개의 불알처럼
꽃봉오리 모양이 닮고
주름살이 개불알과 비슷하더라도
나는 빨강색 꽃이지

다시 찬찬히 보시게
네 다리가 아닌 푸른 잎에 대궁이 하나고
꽃봉오리에 장식 세 개를 달고
장식 아래 숨구멍도 있지
더구나 꽃은 새빨갛잖나

모양을 잘 빗대긴 했으나
나는 빨강색 고운 꽃이지
나는 그저 꽃일 뿐이니
차라리 날 복주머니꽃이라 부르게나.

돌배꽃

동네 어귀 산모롱이에 돌배나무 한 그루
봄볕이 피우는 아지랑이에 아른거리면
이내 꽃망울 다닥다닥 벙글더니
잠든 사이에 몰래 내린 봄비에
하양 꽃송이가 좌르륵 피었지

언제인가 이맘때 전학 온 순이
배시시 웃으며 돌배나무를 지나가더니
돌배가 달렸다 익어 다 떨어지고
다시 마을이 환하게 돌배꽃이 피어도
소식조차 못 듣고 세월만 보냈지

보름달이 환한 돌배나무 아래서
열댓 개 핀 녹색 수술이 빨개지고
다섯 꽃잎이 하얗게 퍼드러지니
어쩌면 그녀 얼굴 같아서 손을 뻗는데
얄궂은 부엉이가 소리도 없이 날아갑니다.

애기사과꽃

봄볕에 몽우리 몽글몽글 맺히더니
분홍 빨강 꽃봉오리들이 부풀고
봄바람에 꽃잎이 하얗게 피자
꿀벌들이 윙윙 꽃에 앉았다 가고
노랑 암술과 수술이 다투어 유혹하지

사랑 나누는 산새들의 노래
꽃향기에 묻어 황홀해질 때면
암술 씨방마다 수줍게 수정란이 맺히고
비바람 땡볕을 모질게 이겨내면
빨갛게 애기사과가 익을 테지

애기사과꽃이 하필이면 봄에만 피고
벌들이 암술 수술에 번갈아 앉아야
빨강색 애기사과가 맺혀 익을까
이 세상에 사랑은 때가 있으니
그대가 이끄는 대로 따라가겠습니다.

장미꽃

녹음이 우거지는
유월의 돌담길에
첫사랑 떠오르도록
아름다운 장미꽃

가만히 다가가서
수줍던 그녀처럼
입술에 배어 나오던
따사로운 입맞춤

이제는 만나고파
애타는 안타까움
여름비에 젖었어도
아리따운 장미꽃

달빛이 어스름히
골목길 밝혀주면
비로소 옷고름 풀고
고혹으로 반기네.

복사꽃

이른 봄 노랑나비 나닐면
복숭아 나뭇가지 꽃눈마다 봉긋봉긋
숫처녀 젖 몽우리같이 벙글은 복사꽃망울

기다림에 지쳐 터뜨리고플 즈음이면
때맞춰 보슬보슬 내리는 봄비에
저고리 고름 풀 듯 피던 복사꽃

복사꽃 아래에 가만히 서서
눈보다 높은 가지 끝에 핀
알 수 없이 설레던 어린 날의 기억

곱고 곱던 복사꽃이 지면
동글동글 복숭아가 꽃눈마다 맺히고
산새들도 이산 저산 나닐며 지저귀었지

아직도 복사꽃은 예와 같이
늙어가는 마음도 설레게 피건만
그저 피고 지는 광경을 바라만 보네.

산철쭉꽃

고사리 실하게 돋는 산비탈
소나무 참나무 사이사이로
오월의 햇살이 산들바람에
이리저리 일렁일렁 비추면
연분홍 꽃부터 먼저 피어나고
녹색 잎이 시새워 따라 피면
때까치 둥지에 탁란한 뻐꾸기
한나절 내내 구성지게 울고
튼실한 암술에 열 수술이
꽃봉오리마다 차례로 퍼드러져
사랑을 다 전하지 못한 아쉬움
야속한 봄바람에 꽃잎으로 지네.

매화꽃

고결한 매화가 곱게 피거든
아이야 곁에 얼씬거리지 마라
행여 그림자 질까 두렵구나

연분홍 매화에 바람 불거든
아이야 가려 서려 하지 마라
행여 향기가 사라질까 두렵구나

봄비가 매화에 내려 젖거든
아이야 비에 젖도록 둬라
행여 때를 놓칠까 두렵구나

고결한 매화가 고이 지거든
아이야 그냥 지게 둬라
행여 세사를 거스를까 두렵구나.

민들레꽃

소박한 꿈을 꾸며 사는 사람들이
오손도손 모여 사는 산골마을에
잔설마저 녹인 봄볕이 내려
들판에 아른아른 아지랑이 피우면
새파란 잎사귀마다 맺힌 이슬이 반짝이고
전설처럼 날아와 길가에 뿌리내린 민들레
샛노란 새하얀 꽃이 방글방글 피어나자
하양나비 노랑나비 어우러지는 군무

꽃이 지고 씨가 맺혀
여문 홀씨가 가을바람에 날아날아
아무 데나 뿌리내려 질긴 생명력으로
어머니 얼굴처럼 편한 꽃이 되었기에
어느 때나 손 내밀 수 있어 좋지

어느 먼 옛날에 애절한 사랑 얘기 전하는
앞산에 꾀꼬리 노랫소리 다정하고
아지랑이 피어오르는 빈 들길에
노랑 하양 민들레꽃 향기 짙어지면
그리운 임의 모습이 우련히 그려지네.

제비꽃

연녹색 봄빛이 번지는 산자락에
새초롬하게 고개 들어
미소인 듯 수줍음인 듯
방그레 피어난 제비꽃 한 송이

흙장난에 거친 손으로 살며시 잡아
꽃 부랄 끝을 살짝 뜯어내고
꽃 대궁을 살살 꿰서 만든
예쁜 제비꽃 반지

툭 건드려 눈만 마주 보며
앙증맞게 하얀 손가락에
가만히 끼워주고 낯붉힌
가슴 떨리는 보랏빛 순정

이제 다시 끼워주고픈 그에게
마음만 달뜨는 봄볕 따사로운 날에
그립고 안타까워 더 곱디고운
보랏빛 사랑의 제비꽃 반지.

바위나리꽃

겨울이 찬바람으로 머무는 동강
온갖 식물이 허옇게 말라 있고
좁다란 도로 한 쪽 바위벽 틈새에
물기도 아예 보이지 않건만
곧게 죽 밀어 올린 꽃대
우윳빛 암술 두 개
절굿공이 모양 발그레한 수술 예닐곱 개
하양 꽃잎이 보듬어 고운데
겨우내 짓눌린 아픔을 털며
봄볕에 하얗게 활짝 피는 바위나리꽃
채 오지도 않은 봄 마중에 바쁜 노랑나비에게
끈질긴 생명의 환희에 차서
순결한 사랑 이야기 건네는 바위나리꽃.

박꽃 1

고향집 초가지붕에 하야니 피어
화려하지 않아 깨끗이 아름다운
시골길 어스름이 달빛이 들면
가만히 꽃망울을 터뜨리던 박꽃

오늘처럼 달빛 아릿한 가을밤에는
쑥대랑 잡초 우거진 들길을
그리운 임의 손을 살며시 잡고
촉촉이 내린 이슬에 젖으며
달뜬 가슴에 담고 싶은 박꽃

달빛 밝은 밤에 사랑으로 피었다가
아침이면 아쉬움 머금고 지더라도
곧은 심지에 덧말 한 마디 없으니
아무리 가볍게 봐도 본디가 다른
선비를 닮아 청백하기 그지없는
꽃 가운데 꽃 박꽃이여.

아까시*꽃

온 산야가 초록으로 물드는 오월
강가에 좁다란 산책길을 걷노라면
주렁주렁 멋들어지게 핀 아까시꽃

먼 북미대륙의 향수에 젖은 아까시
꽃은 아이들 군것질거리로 좋고
잎은 가위바위보 장난감으로 그만이지

앙증맞게 고운 아까시꽃을 보면
학창시절에 차마 손도 못 잡던
가슴 두근거리던 상큼한 추억

어디선가 갑자기 바람이 불어와
봄볕에 소불알처럼 늘어진 꽃송이
일렁일 때마다 울렁이는 가슴

이제는 저 아까시꽃도 만발했으니
하양 손도 잡고 어여쁜 얼굴도 보고
아주 상큼한 향기도 다시 맡고 싶구나.

* 아까시(*Robiniapseudoacacia* L.) : 콩과의 낙엽 교목. 높이는 20미터 정도이며, 잎은 어긋나고 우상 복엽이다.

더덕꽃

입추 무렵에 할머니 따라 산에 가면
싸리나무처럼 키 작은 나뭇가지에
빙빙 감고 올라간 더덕 줄기
마디마다 초롱처럼 피던 더덕꽃

할머닌 줄기를 살살 걷으며
땅에 묻힌 더덕 뿌리를 찾아
검게 굳은 손가락으로 캐서
줄기채로 주루목*에 잘 넣었지

곁에서 가만히 지켜보노라면
줄기에 손길이 닿아 건드릴수록
향긋한 향기가 더욱 짙어지고
할머니 얼굴에 미소가 번졌지

그냥 지나다가도 향기로 찾던 할머니
콩콩콩 두드려 고추장 발라 구워주시면
나는 고마운 인사도 없이 배불리 먹었지
미소가 번지던 할머니 얼굴 닮은 더덕꽃.

* 주루목 : 심마니들의 은어로, 산삼을 넣는 망태기를 이르는 말.

엉겅퀴

잔설이 마저 녹는 양지
산기슭 풀밭에 다문다문
잡풀보다 먼저 돋아
서너 잎이 퍼드러지는 가시나물

봄꽃이 지천으로 피는 유월이면
꽃대 하나 쭉 밀어 올려
바람에 흔들흔들 벌 나비를 유혹하는
자주색 앙증맞은 엉겅퀴꽃

꽃이 지면 뿌리를 캐서 말려
차로 끓여 몸에 좋다며
한 사발 따라주시던 할머니
산소가 있는 산기슭에도 가봐야지

엉겅퀴는 뭐니 뭐니 해도
주름살 큰 시커먼 손으로
들기름에 무쳐주신 봄나물에
묻어나던 고향의 봄 향기여라.

개복숭아꽃

해마다 내 고향 면온에 아지랑이 피면
그리움도 사랑도 모르던 어린 시절에
개복숭아꽃 피기만 몹시 기다려
하루에도 몇 번씩 쳐다보며
개복숭아나무 아래에 서서 서성였지

해마다 내 고향 면온에 아지랑이 피면
그리움도 사랑도 모르던 어린 시절에
과수원이 아닌 산골짜기 비탈밭가로
여기저기 어우러져 자란 개복숭아나무
멀리서 봐도 설레게 피던 개복숭아꽃

여행하다 잠시 머문 어떤 산골에
예와 같이 서너 그루 개복숭아꽃
가슴이 먹먹하도록 곱게 피었는데
그리움이 사랑이 쌓이고 쌓여서인지
세월이 바람처럼 쉬 흘러서인지
봄마다 피어지거늘 가슴이 어이 아린가.

살구꽃

얄궂은 봄비가 오락가락 내리고 나면
허물어져 가는 흙돌담에 기대선 살구나무
가지마다 몽글몽글 꽃 무더기로 피는 살구꽃
지나는 길손들의 기진한 마음을 끌고
박새도 지지재재 지저귀며 봄을 놀지

어려서 책보 메고 마을 어귀에서 바라보면
살구꽃 무더기가 얼핏 한복차림 누이 같아
신나게 달려가 포근히 안기고 싶은 살구꽃
지나는 길손들의 기진한 마음을 끌고
박새도 지지재재 지저귀며 봄을 놀지

초가집 지붕에 달빛이 환한 봄밤이면
마실가던 아낙들 도란도란 얘기도 멈추고
고단한 시집살이 한풀이로 피는 살구꽃
지나는 길손들의 기진한 마음을 끌고
박새도 지지재재 지저귀며 봄을 놀지.

제 3 부
멍석딸기

멍석딸기

칠 월 땡볕이 내리쬐는 날에
새끼 딸린 암소 고삐를 잡고
개울가로 풀 먹이러 가는 길에
산기슭 수풀에 빨강 멍석딸기 주렁주렁
암소 고삐는 뽕나무에 매 두고
멍석딸기 한 움큼씩 따서
단번에 입에 털어 넣으면
동그란 낱알이 터지며
입안 가득 느껴지는 달콤한 맛
이리저리 뻗은 넝쿨마다 달린 멍석딸기
정신없이 한참을 따먹다가
문득 송아지 생각에 암소를 찾으니
다행히 송아지는 어미 주변에서 껑충껑충 뛰놀고
어미도 워낭 딸랑이며 풀 뜯기 바쁘고
멍석딸기 물이 빨갛게 든 작은 손으로
말 잘 듣는 암소고삐를 잡고
꼴이 무성한 개울가로 가다가 보면
수풀 사이로 여기저기 널려있어
마냥 즐겁게 따먹던 멍석딸기.

감자

꾀꼬리 앞산으로 날아가는 봄날에
강원도 온 고을마다 가족들이 모여서
고르고 고른 밤톨만 한 실한 씨감자를
길고 긴 이랑이랑 도드라진 두둑에
고이 심은 씨감자마다 잎과 꽃이 피고
기다리던 하지에 황갈색 흙을 헤치자
큰손자 불알같이 희멀건 햇감자 방긋
시골집 마당 가에 무궁화꽃 만발하고
땡볕도 달갑게 키우던 잎이 질 때에
북 덮은 두둑 위로 삐죽 머리 내밀어
어울려 품앗이하며 거둠이 할라치면
주인이 삶아 내온 따끈따끈한 피감자
울퉁불퉁 볼품없이 멋대로 생겼어도
주인 마음 닮은 하얀 속살이 팍신팍신
호박잎에 싸서 먹는 맛을 어이 알랴
허기 가신 일꾼들 참매미소리 들으며
땀방울 비 오듯 떨어져도 캐는 감자
강원도 고을마다 감자 마대 쌓인다네.

돌배

어려서 산골마을에 가난하게 살며
여름방학에 약초 캐는 할머니 따라
뒷산 넘어 능선 몇 개를 또 넘으면
허기가 지다 못해 기진해질 때쯤
우람하게 자라 올라가기도 힘든
누렇게 익은 돌배가 주렁주렁한
반가운 돌배나무 서너 그루
서둘러 올라가 보면
나무 밑 풀숲에 떨어져
거무칙칙하거나 누런 돌배
주워 담다 싸리다래끼 다 차면
바구니 삼아 윗옷에 잔뜩 담고
누런 돌배 한 입 베물면
시큼한 맛에 고개가 떨리지

돌배도 맛 들일 탓이라
그래도 다시 베물고 베물면
점점 단맛이 나서 허기도 달랬었지
세상사 생각할 나름이라 이르던 돌배
올해도 고향집 뒷산 돌배나무에 달렸을까.

꽤*

어릴 적에 고향 이웃집 마당 가에
고목이 된 꽤나무 한 그루
자랑처럼 떡하니 지키고 있었지

소똥 거름에 잎이 까맣게 자라고
종자가 작은 꽤가 제법 커지더니
여름 땡볕에 발그레 익으면
오가며 폴짝폴짝 뛰어 따먹다가
주인아주머니에게 꾸지람을 듣고
입에 남은 꽤를 마저 씹을 때에
먹는 게 뭔지 목이 메던 추억

환갑이 가까워지는 올봄에는
오가피나무 울타리 사이로
대여섯 그루 튼실한 꽤나무에
작고 하얗 꽃이 다닥다닥 피어
산새가 지나다 앉아 우짖고
벌 나비도 꽃을 찾아 모여드니
동네아이들아 꽤가 빨갛게 익거든
아무 때나 와서 따먹으려마.

* 꽤 : 강원도 지역의 크기가 작고 맛있는 재래종 자두.

오디

처가 뒷산 기슭에 산사태 날까 근심돼서
바윗돌 몽돌 얼기설기 섞어 쌓은 돌담
돌 틈바구니 흙무더기에 심어진
키 작은 뽕나무 한 그루

유월의 햇살에 오디 여섯 알
작으나 튼실한 뽕나무 가지에
대롱대롱 매달려 검게 익는데
무심히 노제를 지내는 사람들

사람이 살던 시대는 가고
누구나 세월 따라가지만
가는 세월을 막지 못하니
우리는 모두 아프게 살지

아이 주먹만큼 큰 오디
입에 털어 넣으면 달콤하련만
오디 따먹으려 뽕나무 심은 장인께선
외손자가 든 영정에 계시네.

냉이 캐기

먼 산에 잔설이 쭈뼛이는 날에
양지바른 밭 가에 옹기종기 앉아
푸르기보다 검붉은 빛이 감도는
크기나 모양도 다 다른 냉이
호미나 꼬챙이로 대충 캐지

잎이 파랗고 성해서 캐면
예상 밖에 뿌리가 작고
잎이 작고 검불그스름해서 쑥 뽑으면
의외로 굵직한 뿌리에 짙은 향기
보글보글 된장찌개 맛깔 더하던 냉이

올봄에는 길 가다 어떤 밭에서
모진 추위 긴긴 겨울을 견뎌낸
지난날의 추억이 짙게 배어나
향수에 젖게 하는 향긋한 냉이를
누구와 정답게 캘 수 있으려나.

달래

산기슭 묵밭에
실개천 둑 비탈에
담뿍이 나서
봄을 먼저 알리는 달래

자잘한 달래는 크라고 두고
꽃피는 달래는 씨받이로 두고
싹이 튼실한 달래만 골라서
나무작대기로 땅에 쿡 찔러 젖히면
진녹색 싹에 동그랗고 하얀 알뿌리

할머니랑 작은 다래끼 가득 캐서
오솔길 돌아오다 만났던 옆집 아이
나는 죄도 없이 낯만 붉히고
그 아이가 구경하던 다래끼의 달래
할머니의 고추장 달래 무침은 언제나 먹어볼까나.

고들빼기

겨우내 눈비에 다져진 밭두둑
어쩌다 한 포기씩 봄볕을 받는
두드러지게 곱거나 밉지도 않은
천연덕스레 일찍이 돋아난 고들빼기

호미 끝에 뿌리가 닿기만 해도
어디 인삼밭에 온양 향이 번져
예기치 않게 보약이라도 캔 기분으로
고추장에 참기름까지 넣은 무침을
한 젓가락 듬뿍 입에 넣으면
씹을수록 써지니 보기와 영 딴판

아버지는 쌉싸름하니 맛있다 하시며
거푸 젓가락으로 고들빼기 무침을 집고
날 바라보던 어머니의 가벼운 미소
아직도 선연히 떠오르게 하는 고들빼기.

곤드레

새벽밥 김치에 대충 먹고
산나물 뜯으러 온 산을 돌아다니자니
허기가 걸음을 멈추게 해
메고 있던 산나물자루를 털썩 놓고
실개울에 흐르는 물로 목을 축이고
너럭바위에 턱 하니 걸터앉으니
흙냄새 배인 산들산들 부는 봄바람에
실한 곤드레가 살랑살랑 흔들리고
솜털 송송 곱게 생긴 곤드레 다복다복
허기도 잊고 신나게 뜯으면
이내 자루가 한가득
곤드레만 한 움큼 더 뜯어 손에 쥐고
배에서 꼬르륵꼬르륵 하기에
강된장에 비빈 곤드레밥 먹을 생각으로
돌아가는 발걸음을 서두르는데
꾀꼬리 한 쌍이 훨훨 날아가는구나.

딱주기(잔대 싹)

앞산에 잔설이 마저 녹고
아지랑이 산비탈을 기어오르면
원추리 싹 따라 돋아나는 딱주기

할머니 뒤따라 산비탈을 오르내리며
고사리손에 풀물이 파랗게 들도록
한 다래끼 봄나물을 뜯었었지

허기져 집에 돌아와 부뚜막에 앉아
식은 밥 한 숟가락 입에 넣고
고추장에 찍어 쌉싸래한 맛으로 먹었던 딱주기

추석이 지나고 꽃이 지면
양지 산비탈 뒤지며 괭이로 캔 잔대 뿌리는
차로 끓여 먹거나 반찬으로 무쳐 먹었지.

삽주 나물

이른 봄 양지 산비탈에
곤드레 딱주기 싹이 돋아나면
덩달아 돋아나는 삽주 싹

다른 나물과 달리 쉬 쇄서
연한 싹만 골라 뜯어야 되는
묵나물 하기도 아까운 삽주 나물

실개울에 졸졸 흐르는 물로
설레설레 흔들어 씻어 데치지 않고
바로 먹어야 제맛이 나는 삽주 나물

묵은 고추장에 살짝 찍어
식은 밥과 같이 먹으면
쌉싸름하다가 씹을수록 단 맛 나는 삽주나물

가을볕에 나뭇잎이 곱게 단풍들고
봄에 나물로 먹던 잎이 마르면
뿌리는 창출 백출 약으로 쓰는 삽주.

곰취

태기산 구 부 능선 골짜기에
얼레지 꽃이 필 무렵
산새들이 떼를 지어 우짖으면
곰취 진녹색 새잎이 반질반질 돋고
며칠 지나면 줄기 끝에
둥그렇고 넓적한 잎이 피어
대여섯 대가 소복하게 나지

사오월에 뜯는 곰취는
쌈이나 나물로 먹고
유월부터 뜯는 곰취는
데쳐 말려서 묵나물로 먹지

높은 산골짜기에 나는 곰취는
햇나물도 좋고
묵나물도 좋지만
그래도 뜯자마자 장에 싸 먹는
쌉싸름한 맛에 향긋한 쌈이 최고지.

홑잎나물

산비둘기 우짖는 초봄에
양지쪽 산자락부터 능선으로
다른 나뭇잎이 돋기도 전에
파릇파릇 자라는 참빗살나무 새순
실한 새순만 골라 따서
다래끼에 차곡차곡 담으며
뒤따라오는 아내에게
봄나물이 다 약이지만
홑잎 나물이 혈액순환에 좋다
방송에서 본 얘기를 하면서
따고 또 따서 다래끼를 채우고
부모님 계신 고향집으로 돌아와
살짝 데쳐서 들기름에 무쳐
점심상에 놓고 부모님과 먹으면
야들야들한 홑잎나물 맛이 너무 좋아
봄기운이 입안에 가득 차네.

산마늘

봄철에 잠시 볕이 드는
높은 산 서늘한 음습지에
몇 포기씩 자생하는 산마늘

새잎만 손으로 삭둑 뜯어서
봉지에 따로 담아 자루에 넣고
다른 나물 뜯다가 또 뜯는 산마늘잎

씻기보다 손으로 툭툭 털어
하얀 쌀밥 한 숟가락에 장을 얹고 쌈을 싸서
도톰한 잎 씹으면 맵고 달달한 감칠맛 생산마늘잎

유월에 잎사귀가 시들기 시작해서
칠월이면 깨알같이 까만 씨앗이 여물고
바람에 실려 날아가 새싹으로 나는 산마늘

생산마늘잎으로 쌈을 싸서 먹으면
배탈도 안 나고 위장도 좋아진다고
보릿고개에 생명줄이었다 해서 명이라고도 한다지.

참나물

높은 계곡 완만한 경사지
풀이 무성한 틈바구니 음습지에
여기저기 말쑥이 나는 참나물

반질반질 세 잎이 붙어나며
대궁은 가느다랗고 불그레한
모둠으로 나서 한들한들한 참나물

실 도랑에 흐르는 맑은 물로
슬렁슬렁 헹궈 허공에 툭툭 털고
도시락밥에 쌈으로 먹는 참나물

나물의 최고 나물은 참나물
누가 뭐래도 산나물의 최고는
향긋한 맛에 때깔도 고운 참나물

재미있게 꺾이며 향이나 맛이 좋고
쌈으로도 물김치로도 담가도 좋지만
들기름 넣은 할머니 참나물 무침이 최고지.

누리대

아무리 높은 산이라도
하루 종일 찾아다녀도
허탕일 때가 더 많은 누리대 찾기

어쩌다 찾으면 반가운
한 뿌리에 한 대궁이나 여러 잎줄기가 나서
제법 멋스럽게 자라는 누리대

툭툭 벌레나 털어내고
고추장에 푹 찍어 씹으면
누릿하고 쌉쌀한 맛이 나는 누리대

싹싹 씻어 물기를 말리고
쫑쫑 썰어 고추장에 들기름 넣고 무쳐뒀다가
흰쌀밥에 비벼 먹으면 정말 맛있지.

제 4 부

장평정거장

장평정거장

새벽이슬에 바지를 다 적시며
등짐 내려놓고 쉬는 바우개재
작은 산새가 정겹게 우짖어서
등줄기에 흐르는 땀도 식혀져
동쪽 멀리 희미한 노루목재에
공제선 산 위로 밝아지는 여명

언덕배기 아슬아슬 난 오솔길
조심조심 올라서 마을을 보니
흙모래 자갈로 된 도로 한편에
흙먼지에 세월이 쌓인 정거장

이미 와있는 승객들 웅성웅성
이 동네 저 동네 사는 이야기
정거장에선 낯선 이도 정겨워
편한 시골 사람들 훈훈한 인심
멀미약마저 매슥매슥 거릴 때
산모롱이 돌아 달려오는 버스
흙먼지가 온통 동네를 뒤덮지.

발자국

문득 길을 가다 되돌아보니
끊이지 않고 따라온 발자국

촘촘히 더러는 멀찍이
비뚤비뚤 더러는 가지런히
야트막이 더러는 깊숙이
흔적을 남기며 따라온 발자국

반대로 된 발 모양이 찍힌
그래도 어긋어긋 따라온 흔적

이제 되돌아갔다가 다시 오고파도
곱고도 반듯이 흔적을 남기기엔
아무래도 나 자신이 없으니
이제라도 찬찬히 걸어갈 수밖에

어쩌다 모르고 지나온 길에
조금 어긋나고 어설픈 발자국.

태기산성에 내리는 눈

천오백여 년이 지난 어떤 날에
망국의 한을 품고
전사자들의 갈망도 거두어
찾았던 태기산

광복의 일념으로 뭉쳐
큰 돌을 날라
오직 승전을 다짐하며
쌓았던 태기산성

우물도 파고 밭도 일궈
군량을 해결하고
다가올 전투에 대비하며
지냈던 병사들

천운이 다한 태기왕
무참히 패망하니
병사들도 뿔뿔이 떠나고
무너진 태기산성

역사와 세월에 묻힌
허망한 광복
이끼 껴 나뒹구는 돌무더기엔
무심한 눈발.

고한역

불에 타는 새카만 석탄을 캐러
어딘가에서 몰려든 사람들이
북적거리며 오갔던 고한역

가을볕이 드는 나무 의자에 앉아
알 수 없는 누군가를 기다리며
바라보는 키 작은 광부의 동상

지하 삼천 미터에서 탄맥을 따라
석탄을 캐던 모습은 어땠을까
생각만으로도 숨이 막히는 공포

공포를 잊은 광부의 노동으로
온 나라의 가난한 사람들에게
따뜻한 땔감으로 전해진 연탄

광부들이 타고 무연탄을 나르던
객차 화차가 정차하던 고한역
이제 운행은 뜸하고 기적도 없네.

옥산대 비가(悲歌)

가을비 내리는 옥산대를 홀로 걷자니
모습도 안 보이는 소쩍새 우는 소리가
천 년도 지난 먼 옛날에 잃어버린
태기왕의 옥새(玉璽)를 찾아보라 이르고
태기산 산마루에서 불어오는 바람이
실어온 울림은 탄식인 듯 함성인 듯
나라도 옥새도 잃은 태기왕의 비통한 환영
초가을 비에 보일 듯 말 듯 하고
옥산대 여기 어디에 옥새가 있을 텐데

옥새를 찾던 신하들의 분주했을 모습
한없이 기다렸을 태기왕의 한숨
사기 꺾인 패잔병들의 늘어진 어깨가
비에 아른아른 보일 듯도 하건만
세월이 너무 오래 흘러서인지
아무도 태기왕의 턱없는 욕망을
탓하거나 교훈으로 삼을 사람은 없고
이젠 잃어버린 옥새를 찾는 사람도 보이지 않아
그저 2018년의 현상만 보고 지나치는데
왕류동(왕률)에 때 이른 저녁연기 모락모락
지나가는 행인은 찬비를 다 맞고 갑니다.

등대

세상의 만물이 잠든 깊은 밤일수록
어둠을 향해 밝게 빛을 발하는
누군가가 보든 안 보든 상관을 않고
밤마다 어둠에 빛을 보내는 등대

우리는 이미 길들여진 대로
어두운 밤에는 빛을 내는 등대를
아무 생각도 없이 따라가고
등대가 없으면 나아갈 길을 두려워하지

누구든 햇볕이 밝은 한낮에는 거들떠보지도 않지
그러다가도 어둠이 깔리면 빛을 좇아가지
그대여 짙은 어둠에서 외로이 선 등대가 되어
한 번이라도 빛을 밝히는 고단함을 느껴보았는가.

태기산 전설

하늘에서 삼족오가 내려앉을 듯한
웅혼한 산세의 태기산 산마루에
무너진 성의 널린 돌무더기
천오백여 년의 세월이 이끼에 묻혀
이어져 내려온 애달픈 이야기

늦가을 바람에 떨어지는 낙엽이
이어지다 끊이다 전하는 전설
하 애달파서 기록도 못 한
패망과 와신상담 벼른 결의
태기왕과 병사들의 비통한 외침

망국의 한을 삭이려다가 다시 일어나
칡뿌리 씹고 머루 다래로 허기를 달래며
창과 방패로 병술을 연마하며
오로지 항전과 회국의 의지로 삼킨 피눈물
이루지 못한 병사들의 다짐이 가엾어라

잃어진 나라를 되찾으려는 병사들
단련하며 토하던 애절한 함성이
노을 지는 하늘에 울려 퍼지는 듯한데
노닥노닥 산길 내려가는 등산객들
태기왕의 애달픈 삶과 죽음을 알까.

살아가기

이 세상에 태어남이
내 뜻이 아니며
살아가는 환경도
원하지 않았고
언제인가 죽어짐도
뜻대로 안 되겠지

아무렴 그렇지만
덤덤히 살 수 없고
아무리 그렇더라도
무심히 살 수 없는
아무튼 내 삶이니
제대로 살아야지

살다가 지치기도 하고
지쳐서 한탄하며
힘들게 살아가다가
언젠가 죽어지겠지만
한 번 사는 삶이니
소중히 살아가야지.

까치놀

면온의 맑은 가을 하늘을
흘러가는 하양 구름 한 점
어디서 와서 어디로 가는지

철 이르게 찾아온 기러기 무리
하늘에 그리는 무채색 수채화
남겨둘 수 있는 건 무엇인지
알지 못한 채 살아가는
아쉬움만 남는 어제와 오늘

생명의 신비 간직한 강엔
밤 채비 바쁜 물새들의 자맥질
사는 동안은 배를 채워야겠지
나는 다른 사람들의 배고픔을
얼마나 생각하고 사는 걸까

저녁 하늘에 피는 까치놀
우리 살아온 날들을 삼키며
죽음과 삶이 섞여 뒤채고
내일이 빈 하늘에 까치놀로 피네.

서리꽃

방 비워 달라는 집주인 말에
허둥대며 옮겨 온 셋방엔
조그만 창문이 하나 있습니다

겨울이 채 오기도 전에
낡은 창문에 피어난 서리꽃은
창문 너머 다채로운 형광 광고판을
낯설게 하더니
아내에게 정종 한 병 들려서 보내지 못한
아버님 생신인 아침에
서리꽃이 하얗게 다시 핍니다

햇살이 비집는 서리꽃 사이로
고기 없는 미역국 사발에 뜨는
늙은 어머님 모습은 웬일입니까.

별 바라기

연고도 없던 도시에 불현듯이 와 살며
가로등 훤한 퇴근길에 반짝이는 별을 보다
아마
보라색 감자꽃이 온 밭에 필 때에
감자밭 두둑에 북을 주던 할머닐
누렁개와 함께 찾아 나서던 저녁
밭으로 가는 길에 지나다 우연히
개울에서 머리 감던 소녀를 만나
한참을 지켜보다 그러다 소녀와
개울가 너럭바위에 앉아 별을 헤다가
소녀의 눈에도 무수한 별이 초롱초롱
나는 그 별을 수없이 헤며
바람이 실어온 꽃향기에 취할 즈음
누렁개 꼬리치며 보채서 돌아볼 때에
달빛이 휘영청 내린 오솔길에는
손등으로 허리 두드리며 다가오던 할머니
아마도 그 날에 봤을까
별이 총총 까만 눈동자에
순박한 사내아이 새카만 얼굴
오늘 매캐한 황사 공기를 호흡하며
희미한 별빛 어디쯤에 혹 있지 않을까
아직도 별 바라보기를 멈출 수 없습니다.

그림자

우리는 생의 절반이 넘게
어둠 속에서 살지

늘 빛을 발하는 태양의 주위를 도는
지구에서 모여 살기 때문이지

우리는 그림자보다 빛을 좇고
그림자 속에서 견디는 아픔을 외면하지

골이 깊으면 산이 높듯이
그림자 크고 짙으면 빛 더 밝으니
그림자에 갇혀 사는 이들 많으면
빛을 좇아 누림을 길게 이어 살려 하지

삼라만상이 다 빛과 그림자의 조화
그 어느 공간에서 우리는 살게 되지

그림자 짙어야 빛이 더 밝지만
둥근 지구의 절반은 늘 그림자
우리는 어둠의 미학을 모르고 살지.

산마루에 서서

급히 오르지 않으면 안 될 아무 연유도 없으면서
헐떡거리며 올라온 산마루에 서서 내려다보니
저 멀리 아련하게 보이는 시장 거리
저 어지러이 오가는 행인과 함께 있어야 할
아니 저기 어디쯤에서 내가 서 있는 여기를
이 하늘과 맞닿은 산마루를 바라보며
시장 거리를 오가는 사람들 곁에 서 있어야 할
아무래도 이 산마루는 내가 설 자리가 아닌가 봅니다

다른 이들의 털끝 하나라도 내가 불편하게 하는 날
그 날에 다시 잠시 올라와서
그때는 나의 허물을 제대로 살펴봐야겠습니다
아무래도 여기는 내가 오래 머물 수 없는 곳 인가봅니다

여기가 바라보이는 저기 저 행인들이 지나가는 곳에
바로 저곳에서 이 산마루를 바라봐야겠습니다
아니 하늘 맑은 날에도 어둠을 볼 수 있는
저 시장 거리에서 미련하게 사는 날 똑바로 봐야겠습니다
이제부터는 산마루에 오래 서 있지 않도록 해야겠습니다.

하늘의 빛깔이 푸른 까닭은

하늘의 빛깔이 푸른 까닭은 무엇 때문인가?
우리 사는 삶이
때로는 울며
때로는 웃고
때로는 슬프며
때로는 즐겁건만
그 누구라도 삶을 사는 동안에
자신의 삶을 온 가슴으로 품어 안아
이 세상에 사는 이들을
그 가슴으로 받아들일 마음이 열릴 때라야
비로소 그의 가슴에 푸른 마음이 깃들듯이
하늘의 빛깔이 저리 푸른 까닭은
아직 이 혼탁한 세상에서
아픔 앓는 그 누군가를 품어 안을
어느 누군가가 있기 때문이리라.

제 5 부
빈 의자

빈 의자

누구라도 편히 앉을 수 있는
봄바람이 산들 머물다 가는
세월의 자욱이 흠씬 밴 빈 의자

그 누구라도 곁에 앉으면
닫힌 마음이 다 스르르 열릴
고급스럽지 않아 편한 빈 의자

아무 타박도 없이 조용조용
서럽거나 즐거운 이야기 나누면
가슴의 응어리 사그라질 빈 의자

도란도란 흘러가는 강물 소리
들꽃 향기 번져 벌 나비 나는 나절
오늘도 홀로 앉은 빈 의자

강물 소리 들꽃을 벗 삼아도 좋을
봄볕이 너그럽게 부드러운 날에
나는 아직 누구를 기다리는가.

자유

자유를 말하지 않고 무심하며
자유를 의식하지 않을 때에야
비로소 자유를 알기 시작하고
자유에 다가갈 수 있지 않을까

우리는 무엇에 얽매여 살고
우리는 무엇에 이끌려 살며
무엇이 우리를 살도록 할까
최고의 가치는 자유 아닐까

우리는 어떻게 자유를 알고
우리는 어떻게 자유를 누려
온전히 마음이 내키는 대로
이 세상을 살아갈 수 있을까

우리에게 자유는 왜 있을까
우리는 왜 자유로워야 할까
사람이 사람답게 사는 세상
우리가 진정 바라는 이상향

세상에 자유라는 말이 있으니
자유는 반드시 우리에게 있고
우리에게 자유는 누릴 권리라
허나 얼마나 보장받고 있을까.

어떤 봄날의 꿈

잔설이 남았던 자리에도 싹이 돋자
농부들이 저마다 그들의 농토에서
정성껏 종자를 골라 부침이 하면
할미새도 촐랑촐랑 자유로이 봄을 놀고
여기저기 멋대로 핀 들꽃에는
벌 나비 어울려 향기를 피울 때
청명한 하늘을 바라 잠시 누워서
이 좋은 날에 꾸는 꿈 하나
휴전선 철망이 걷히는 날에는
그 날에는
선조들이 살았던 발해 고조선 땅에 가 보리라
금강산을 거쳐 가야 하나
철의 삼각지를 거쳐 가야 하나
걸어서 갈까 자동차로 갈까 괜한 근심하는데
뒷산에 꾀꼬리 꾀꼴꾀꼴
고운 님 손 잡고 발길 닿는 대로 가라 이르고
어이 여보게
저 녹슨 철망은 이제 걷게
잔설도 다 녹아 꾀꼬리 우니 꿈도 커지네.

쟁반삼선짬뽕

인적도 드문 눈 내린 겨울날에
어둠이 내린 장평 어떤 음식점에서
부모님과 나와 아내 부모님의 손자들이
늘어진 차림표에서 음식을 골라 주문을 한다

생일날에는 국수를 먹어야 오래 산다고
짜장면을 드신다는 생일을 맞은 할아버지께
쟁반삼선짬봉을 나눠 먹자고 손자가 제안하자
그게 뭐냐고 물으시며 아무거나 주문하라신다

주문한 음식을 기다리다 지칠 때에야
주인이 식탁에 덜렁 놓는 음식을 보시고
이게 그거야 하시며 젓가락을 드는 부모님
대수롭지 않게 먹고사는 사람들이 많거늘.

주막

닭이 홰칠 때에 사립문 열고 나서서
집집마다 굴뚝에 잦아드는 연기보고
푸른 하늘에 맴을 도는 솔개를 보며
흩뿌리고 지나는 소나기도 맞으면서
시름겨운 나그네의 단봇짐이 무거워
고쳐 메고 외로이 길을 걷고 걷다가
찔레꽃이 어우러진 비탈길에 앉아서
밭 가는 농부의 소몰이 타령도 들으며
달맞이꽃 피어나는 개울가로 걸어서
땅거미 지는 저녁 주막에 털썩 앉아
휘주근 젖은 적삼 소매로 땀을 닦고
사발술 벌컥 들이켜자 달이 한 아름.

양초가 많아

서울 사는 남동생이 뒤늦게 와서
서울사람들에게서 배운 대로
아버지 일흔아홉 조촐한 생일상에
생크림 케이크를 올려놓는다

나는 시골 노인네에게 무슨 케이크냐
다가앉는 아이들이 못 듣게 중얼거리며
가느다란 양초를 하얀 케이크에 꽂는다

여러 개의 양초를 꽂는데
막내가 거들며 불을 붙이고
큰 초 일곱 개를 꽂았는데도
아직 작은 초 아홉 개가 더 있다.

꽃비

혼자라서 허전한 오월 한나절
근원을 알 수 없는 햇볕이
우거진 녹음을 얼싸안았다가
바람결에 실려 떠나가는데
아무도 건드리지 못할 청명한 하늘에
번뇌를 모는 짓궂은 구름이
누구도 거스르지 못할 깨달음으로
세상만사의 근원은 마음에 있다며
햇살이 비추는 강에 비를 내리면
나는 우주에서 내리는 꽃비를
여린 가슴에 소중히 담습니다.

어떤 봄밤

시계도 없는 골방에 홀로 앉아
왁자한 티브이나 신문도 안 보고
오래돼 먼지가 덮인 책을 읽노라면
전등 빛으로 보던 종이에
살름살름 내린 환한 달빛
달빛에 이끌려 나선 마당 가엔
만발한 살구꽃 달빛에 곱고
훈풍이 실어온 꽃향기에 고개를 드니
멀리 어딘가에 잘살고 있을
임의 얼굴을 닮은 듯한
둥그레 커져 다정한 상현달이
중천에 떠서 빙긋이 웃고
어제 졌듯 저 달이 다시 져서
어둠이 짙어 외로워지더라도
오지 않을 그를 그리워하며
온 밤이 다 새더라도
글자 글자에 깊숙이 숨은
참뜻을 알 듯 모를 듯 살피노라면
그리운 마음으로도 가히 지낼 만하구나.

학당

노을이 붉게 번지는 하늘에
기러기 떼 나지막이 날아가고
야생화 향이 은은한 가을날
지긋이 앉아 홀로 책을 읽노라면
선지자가 세상을 본 눈이 보이고
밤벌레가 우는 소리도 다정하여
겨우 두 눈으로 보았던 세상이건만
영혼의 눈으로 세상을 다시 보노라.

설

시간이 쉬지 않고 흐르기에
나이가 되는 세월의 해오름

세월은 거스르지 못할 순리
누구나 설을 쇠게 마련이지

설엔 차례와 세배 덕담으로
가족이 친척이 이웃이 하나

새로운 설을 다시 맞았으니
사랑과 평화의 연을 날리세.

강가에서 41

한겨울 햇살이 강물 이랑마다 내려앉아
재잘재잘 사람들이 세상사는 얘기를 하고
그 광경을 내려다보다 혼자 쓴웃음을 짓습니다

바람이 어지러이 물살을 흩뜨리고 지나가면
쉰이 넘은 나이에 콧날이 찡하게 눈물이 흐르고
한창나이 때는 눈물만 주르륵 흐르더니만

나이에 상관없이 높임말을 하시던 무학이신 할머니
오늘이 혼자 절을 하는 할머니 제삿날이긴 하지만
가슴마저 아리게 눈물이 흐름은 무슨 까닭일까

마침 오늘이 일요일이라 아버지와 남동생은 아마
일요일마다 나가는 교회에 예배를 드리러 갔을 거다
제수를 준비하러 가려고 일어서려는데 강이 흐려집니다.

강가에서 42

기다리던 승진심사에 탈락한 날 찾은
푸른 하늘을 한가득 담은 강가에
좌르륵 낚싯대를 드리운 낚시꾼들
시선 이태백은 곧은 낚시를 썼다는데
저 낚시꾼들의 낚시는 어찌 저리 많을까
그래 나는 낚시도 던지지 않았지.

풍경 26

사시사철 볕 안 드는 헛간 처마 밑에
무청이 한 묶음씩 새끼줄에 엮여
서까래마다 대롱대롱 매달렸습니다

대롱대롱 매달린 시래기
볕 한 번 못 받았어도 바싹 말라
그 파랗던 색만 살짝 바랬습니다

매달린 시래기 타래 만지지도 않았거늘
아마 고향집 처마 밑에도 매달렸을 생각에
일손 못 도운 마음이 먼저 바스러집니다.

풍경 27

새잎이 돋아나는 뽕나무 가지에
두둑 덮던 검은 비닐 조각이 걸려
야속하게 부는 꽃샘바람에 팔락팔락

마을 길가 잡초에 섞여 돋은 민들레
하양 노랑 민들레꽃 무더기로 피고
들녘에 피어오르는 아지랑이에 아른아른

잡초가 파랗게 돋아나는 돌밭에
보습을 끄는 암소의 걸음이 더뎌질 때면
늘어나는 이랑을 따라 할미새가 촐랑촐랑.

그리움 30

환갑이 다 되도록 인생을 살며
나름대로는 진한 애착으로 살고
바보스럽게 손해를 보면서 살며
고집스럽게 마음만 세우고 살다
문득 내가 바라던 대로 되지 않을 때에
나의 참 그리움은 대체 무엇인가

꽃같이 아름다운 젊은 날을
갈팡질팡 살며 홀로 버틴 세월
이제 이만큼 와서 돌아보니 아
나에게도 누구에게도 다 부질없는
차라리 가고픈 길을 가야 했을
이제 와서 그리움은 무엇인가

나의 의지와는 달리 지나간 세월
아 시 한 수도 매조질 수 없는
아 눈물 어린 편지도 다 쓸 수 없는
참 그리움은 정녕 무엇인가.

그리움 31

언제나 고운 꿈을 꾸며
한없이 우러르던 하늘에서
눈이 부시게 하얀 봄눈이 옵니다

밖에서 안으로 닫고만 있는
나도 알 수 없는 마음으로
부끄럽게 하얀 눈을 봅니다

하늘에 아로새긴 꿈이
하얗게 눈에 담겨 내리면
곧 그리운 그가 올 듯합니다

고운 꿈이 서린 눈을 보며
온 마음을 다 열어놓고
오늘은 가만히 그를 기다리겠습니다.

길을 가며 61

우리가 길을 가면서
가기 싫든 가고 싶든
가야만 하는 길에서
만나는 사람은 몇 일까

만나서 함께 지내면서
기쁨도 즐거움도 존경도
미움도 두려움도 증오도
이 무엇이라도 느끼게 되겠지

그때의 느낌이 무엇인가는
서로가 떠나면서 바라볼 때
서로에 대한 참 느낌을
비로소 알게 되는 것이겠지

길을 가며 62

어스름이 내리다 전등 불빛에 스러지고
사람들이 오가며 거리를 메우는 시장 거리
나는 다가오는 사람들을 비켜 갈 때마다
비켜서 가게 하는 많은 사람이 부담스러운
길을 막고 늘어서 천천히 걷는 사람들이 싫은
더구나 일상에서 사람들과 부대끼던 아픈 마음
사람들이 많아서 부담스런 생각으로 걷다가
때마침 내리는 장대비를 피해 진열창 앞에 서서
비 그칠 때를 기다리며 파르르 떨리는 상념으로
나는 도로로 흐르는 물을 따라 먼 무인도로 가다
상념의 무인도에 홀로 서서
떠나고 싶었던 도시를
버리고 싶었던 나의 삶을
멀리하고 싶었던 많은 사람들을
나는 비로소 애절하게 그리워하다
비가 잦아도 우산을 받쳐 든 사람들을
그 나를 앞서가는 사람들을 따라가면서
이제는 사람들과 함께 걸어야겠다고 생각합니다.

길을 가며 63

오수를 즐기던 누렁개가 짖기에
아무 생각 없이 툇마루에서 일어나
자그마한 그림자를 몰래 데리고
무수히 많은 이들이 지나다녀서
발 디뎠던 자리가 길이 되어버린
길섶에 잡초 우거진 오솔길을 걸으며
무수히 다녀간 많은 이들이
무슨 생각으로 지나다녔는지 궁금한
그러면서도 무엇도 모르고 되돌아오면서
잡초도 자라지 못하도록 수없이 오간
무수히 많은 이들의 생각을 떠올리다
도무지 알 수 없어 돌아온 집에서
줄에 매달린 누렁개가 짖어 반겨도
나는 그 짖는 참뜻을 알지 못한 채로
아무 생각이 없이 툇마루에 걸터앉아
마당에서 저마다 샤릉샤릉 선회하는
밀잠자리 떼만 물끄러미 바라봅니다.

길을 가며 64

햇살이 화사한 가을날 오후
산들산들 부는 바람에 묻어온
그윽하기 그지없는 들국화 향기가
한동안 잊었던 나를 느끼게 합니다

나는 끊임없이 꿈을 꾸며
나는 끊임없이 자유를 찾고
꿈과 자유를 좇는 애달픔으로
하늘을 우러러 홀로 걷고 있습니다

일상의 권태에서 일탈을 꾀하며
벗어나지 못하는 안타까움을 겪고
이제까지 찾고 있는 진정한 자유는
현재의 살아가는 자체가 아닐까

졸졸졸 맑은 물이 흐르는 시냇가를
미소가 곱고 마음이 넉넉한 그와 함께
이제는 말없이 들국화 향기를 느끼며
이 가을 들길을 걷고만 싶습니다.

제 6 부

가을밤

가을밤

구름도 없는 하늘에 둥근달이
보드라운 빛으로 유혹하고
생김을 알 수 없는 벌레가
교향시를 읊조리며 꼬드겨
아무도 없는 뜰에 나서니
아무래도 허전하기만 해
먼 마을 어귀까지 난 길을
아무리 찬찬히 살펴봐도
사람의 모습은 보이지 않고
서늘한 바람만 스치는데
멀리서 개 짖는 소리는
안타까이 이어 이어지네.

만남

수많은 사람이 사는 드넓은 세상에서
수많은 사람이 왔다가 가는 세상에서
아무런 약속도 없이 우연히 한자리에
나란히 앉아 마음으로 전하는 대화에
끊이지 않는 교감으로 이어지는 만남

자 이제는 우리 서로 말로만 하지 말자
말 한마디 없어도 서로 마음을 읽으며
다정한 눈빛으로 더 세게 전하는 마음
지러진 꿈을 다시 키우며 던지는 눈빛
지내다 돌아서도 원도 한도 없는 만남

간혹 받음이 바람보다 못한 만남이라도
우리는 주고받음으로 정을 가늠 말자고
이렇게 말하지 않아도 좋은 사람이라면
지긋이 바라보는 눈빛으로도 크는 꿈을
언제라도 가슴으로 느껴지는 우리 만남

이런 만남이라면 사는 동안 내내 좋을
이런 만남이라면 가슴 가득 차는 희열
이런 만남이면 누가 만남을 망설이랴

순간에 지나지 않는 삶을 살며 만나는
우리 참으로 행복한 인생을 사는 만남

수많은 사람이 사는 드넓은 세상에서
수많은 사람이 왔다가 가는 세상에서
아무런 약속도 없이 우연히 한자리에
나란히 앉아 마음으로 전하는 대화에
끊이지 않는 교감으로 이어지는 만남

간혹 받음이 바람보다 못한 만남이라도
우리는 주고받음으로 정을 가늠 말자고
이렇게 말하지 않아도 좋은 사람이라면
지긋이 바라보는 눈빛으로도 크는 꿈을
언제라도 가슴으로 느껴지는 우리 만남

우리 살아가며 겪는 아픔이 클수록 더
정에 겨운 마음은 가슴에 쌓이고 쌓여
그리워지고 그리워져서 이름을 부르고
그러다 어쩌다 만나 서로 마음을 읽고
그대와 나 하나의 영혼으로 피는 만남.

발자국

문득 멈춰 서서 되돌아보니
끊이지 않고 따라온 발자국

촘촘히 더러는 멀찍이
비뚤비뚤 더러는 가지런히
야트막이 더러는 깊숙이
흔적을 남기며 따라온 발자국

반대로 된 발 모양이 찍힌
그래도 어긋어긋 따라온 흔적

곱고도 반듯이 흔적을 남기기 위해
이제라도 되돌아갔다가 다시 오고파도
야속한 세월이 길을 막아섰으니
되도록 찬찬히 딛고 갈 밖에야.

친구

이 빠르게 변하는 시대에
지구의 어느 한구석에서
우연히 맺어진 값진 인연

저 어지럽게 많은 가치들
비록 똑같이 살지 못해도
서로 이해로 보내는 응원

우린 가끔 서로 확인해도
이 세상이 제멋대로 가도
아플수록 더 질겨지는 정

친구 마음에 두기만 해도
가슴이 달떠 너무나 좋아
세상의 빛이 옴팡 비추지.

생일

삼라만상의 한 생명체로서
비로소 세상의 빛을 보았으니
생명을 주신 부모님께 감사드리고
사람으로서 살아야 할 도리를 깨치고
끝없이 솟아나는 행복한 나날을 살며
넘치는 사랑으로 자녀를 낳아 기르고
다시 미생 이전으로 돌아가야 할 우리
삶의 한 해마다 맞는 귀한 날이니
너나없이 한껏 기쁨을 나누세.

추억(追憶)

아 살아온 날들은 그날그날이
때론 기쁘고 즐겁기도 했지만
간혹 안타깝고 아프기도 했지
지나가는 세월에 바뀌는 느낌

하늘에 먹장구름 꽉 드리웠고
마을 길은 인적이 드문지 오래
비바람 몰아쳐서 썰렁한 들길
추억이야 혼자인들 뭐 다르랴

이제 환갑이 다가오는 나이에
지난 세월을 문득 되돌아보니
아쉬움만 절절히 들길에 쌓여
다래실치럼 감긴 기억의 세월

타래가 얽히지 않게 가만가만
누구도 아닌 혼자 풀어내자니
그래도 헛웃음 웃듯 그리움만
신세 진 분들 얼굴로 떠오르네.

사랑은

끝이 없는 사람의 갈망으로 인해
누구나 조금은 모자라기 마련이고
끝이 없는 사람의 갈망으로 인해
사랑은 아픔이 붙좇기 마련이니
그 누구든 사랑을 하려거든
사랑은 부족함의 채움으로
사랑은 서투름의 이해로
사랑은 미워함의 용서로
사랑은 보고픔의 인내로
사랑은 확인하지 않고도 아는
이리해야만 참사랑이라
눈물에 젖은 눈으로 바라보며
고운 느낌으로 서로 어루만지며
해맑은 마음으로 붙안고 사는
우리 마음에 자리한 그 누군가를
보이는 모습 그대로 느끼며
이미 주고 만 마음을 주며
편히 마주 보며 사는 거지
그러는 거지 아마 사랑은.

부부

서로 사랑하기에 부부로 살까

부부의 사랑이란 어떠한 걸까
헐벗고 굶주려도 붙안고 사는
화나고 병들어도 껴안고 사는
예쁘고 정겨워도 덤덤히 사는
이러한 마음으로 살뜰히 사는

전생에 원수라서 갚으며 살라
전생에 친구라서 되돌려 살라
전생에 부부라서 이어서 살라

아무리 생각해도 글쎄 부부는
알지도 못하면서 맺어진 인연
서로가 다르나 서로가 같도록
모쪼록 아울러 살아야 할 숙명.

약속

늦가을 비가 내리고 낙엽이 지는 어느 날에
차분한 시낭송과 가슴에 스미는 애잔한 노래
그저 시가 좋아 문학이 좋아서 함께 한 자리
굳이 인연이라고는 정하지 않기로 해요

시낭송도 노래도 연주도 다 끝나고
모두 다 시집 한 권 손에 꼭 들고
차례대로 들어간 문을 되돌아 나왔으니
굳이 작별이라고 단정하지 않기로 해요

우연이라면 어떤 날에 어디서든 만나리니
낭송하던 시와 노래의 여운이 남더라도
시를 읊조리며 노래를 불러도 여운이 남더라도
그저 추억만하지 만나는 약속은 않기로 해요

인연이라면 어떤 먼 날에 어디서든 다시 만나리니
시와 노래의 여운이 그리움으로 일거든
설령 그리움으로 애태워도 재촉은 하지 마요
인연이라면 어떤 봄날에 약속 없이도 만나리라 믿어요.

비 내리는 봄밤

환갑을 몇 년 앞둔 어떤 봄밤
쉼 없이 살아온 삶에 지친
피곤하고 허전한 마음

새벽녘 개 짖는 소리에 깬 잠
어둠에 더듬더듬 창을 여니
서글피 우는 개구리 소리

15층 아파트 멀리 반짝이는 가로등
불빛 따라 길이 있으련만 보이지 않고
되돌아보니 참 실패도 실수도 많았던 삶

아프니 삶이라 여겨도
가시지 않는 애잔한 아쉬움
오랜만에 만난 친구에게서도 남는 허무

점점 커지던 개구리 우는 소리
빗소리 따라 들리다 끊겼다 하더니
아예 고요해지고 짓누르는 적막
가슴 아프게 허무만 퍼지는 봄밤.

쉼표

모처럼 휴일을 맞아 고향에 가려고
승용차에 올라타 시동을 걸고 잠시 앉았는데
유리창에 내려 녹는 첫눈

군인과 직장인으로 사십 년 가까이 살면서
고되게 지내온 세월만큼
퇴직은 부쩍 가까워지는데
아쉬움보다는 가슴만 답답해지고
차라리 하루속히 자유인으로 살고픈 심정

벗어나고 싶은 마음이 앞설수록
깊어지고 많아지는 고민거리

이젠 누구에게도 부탁하지 못할 나이가 됐으니
나의 의지와 노력으로 살아가야 할 남은 인생

허기야 이제까지 혼자 부대끼며 살았으니
앞으로도 그러지 뭐
오늘 고향집에 가면
할아버지 산소에도 들르고
쉼표 하나 콱 찍어야겠습니다.

봉의산 단풍

봉황이 앉아있듯이 상서로운 산세
해발 300여 미터지만 분지에 우뚝 선 봉의산
멀리 갔다 춘천에 들어서며 볼 때마다 푸근하고
가을이면 어김없이 드는 고운 단풍
수십 년을 아무 생각 않고 봤는데
이제 가까이서 한두 해밖에 볼 수 없으니
올가을 봉의산 단풍은 유난히 고와라

나 언제인가는 자주 못 보다가
어떤 날인가 다시 못 보리라
단순히 생각은 가끔 했지만
한 해이거나 두 해가 지나면
출근길에 보지 못하게 되니
아직 그날이 안 왔지만
단풍이 너무 고와 눈이 시려라

아쉬워하며 바라보면 더 고와지나
훑어보지 않고 찬찬히 보니 고와지나
올가을 봉의산 단풍은 유난히 곱구나.

작시 유감(作詩 遺憾)

이 시대에 진정한 시인은 누구인가
고상한 관념만으로 유려한 시를 쓰는
세태를 비판하며 주절주절 시를 쓰는
문학이라는 틀에 갇혀서 시를 쓰는
그런 시인들보다
그저 삶에서 느끼는 감정을 시로 쓰는
하나 꾸미지 않은 마음으로 시를 쓰는
어머니같이 고향같이 편안한 시를 쓰는
이런 시인이 좋다 마음에 삼라만상이 있으니

살면서 때때로 느끼는 수많은 감정
시로 고스란히 담아내려 써보지만
울컥하는 정감을 느끼기에 모자라지

허망한 세상살이 버거울 때마다
시로 아침이슬처럼 살고자 써보지만
정갈한 마음을 다 담아내기엔 모자라지

아픔에 겨워 삶이 외로워질 때마다
시로 편안하게 즐기고자 써보지만
행복을 가슴에 두기엔 턱없이 모자라네.

삶

어둠은 닭이 홰치는 소리에 물러가고
굴뚝엔 청솔가지 타는 연기 자욱한데
길섶 우거진 잡초에 맺힌 영롱한 이슬

길로만 가라기에 왜인지도 모르고
앞뒤나 옆도 보지 않고 기를 쓰고 왔는데
얼마나 제대로 살았는지 알 수 없어라

오늘 백발이 서러운 마음을 부르고
여기 세찬 비바람이 지나간 자리에
걷다가 서성이다가 걷는 나 있으니

이슬처럼 해맑게 살아보려던 꿈은
모진 풍피에 찢기고 빛이 바랜 지 오래
고단한 발길을 오늘도 옮기고 있구나.

고향의 정서와 자연친화적인 통섭(通涉)의 미학

조 영 웅(시인)

김왕제 시인의 원고 한 뭉치를 받고 생각한다. 나는 시를 쓰는 사람이고 누구의 시를 함부로 평(評)하기를 싫어하는 데 왜 나에게 주었을까? 아무리 생각해도 답이 없는 의문이지만 원고를 읽어 내려가는 순간 역시, 시골의 순둥이가 산골의 막둥이를 알아본다고, 중심에서 뚝 떨어져 나와 고집스럽게 자기만의 세계를 지켜가고 있구나. 모든 사람이 태풍의 중심을 향해 빨려들어갈 때 풀뿌리처럼 단단하게 고향의 정서를 붙잡고 시골 사람처럼 순박하게 살아보려고 노력하고 있구나. 아주 마음속에 고향의 오두막을 짓고 들어앉아 자신 그 속에 머무르면서 평생 살기를 작정하였구나. 시골은 시골이되 자기가 만든 무릉도원을 잃어버리지 않기 위해 애쓰고 있구나. 머리를 끄덕거려 본다.

동시에 왜, 유년의 풍경에 머무르는 것일까. 성장하면

서 만나는 수많은 사물과 삶의 관계 속에서 그는 왜 자유롭지 못한 것일까. 살아가고 있고 남이 보기에 반듯하게 좋은 관계를 맺고 있다고 생각하는 사람의 인식과 다르게 결국 유년의 고향으로 달려와 몸을 감추고 위안받으려는 것일까. 결핍의 과정을 겪었지만 나는 그것조차 끌어안는다는 극복의 과정을 말하려는 것일까. 무척 궁금해진다.

그의 다섯 번째 시집 『고무신』은 6부 121편으로 구성되어 있다.

1부 「고무신」에 가마솥, 키(箕), 보습, 족두리, 비녀, 물레 등 고향의 배경과 유물을 소재로

2부 「할미꽃」에 도라지꽃, 금낭화, 개불알꽃, 돌배꽃, 산철쭉꽃, 민들레꽃, 제비꽃, 바위나리꽃, 더덕꽃, 개복숭아꽃 등 고향에서 피어나는 꽃을 중심으로

3부 「멍석딸기」에 돌배, 꽤, 오디, 고들빼기, 곤드레, 딱주기, 삽주나물, 곰취, 홑잎나물, 누리대 등 고향에서 접하게 되는 나무와 나물을 소재로

4부 「장평정거장」에 태기산성에 내리는 눈, 옥산대 비가(悲歌), 등대, 태기산 전실, 까치놀, 시리꽃, 별 바라기, 그림자, 아이와 어미 또는 어머니, 산마루에 서서, 하늘의 빛깔이 푸른 까닭은 등 고향 주변의 유래 깊은 장소에서의 소회를

5부 「빈 의자」에 쟁반삼선짬뽕, 주막, 꽃비, 어떤 봄밤, 강가에서, 풍경, 그리움, 길을 가며 와

6부 「가을밤」에서 만남, 약속, 참말, 비 내리는 봄밤, 눈[雪]을 보며, 남이섬, 빗길, 참회(懺悔), 쉼표, 작시 유감(作詩 遺憾) 등에서 현실에 바탕을 둔 생활인으로서

시각으로 접근하고 있다.

김왕제 시인은 『평창문학』 제27집 특집 "내 고향 평창(平昌)과 나의 문학관"에서 그의 '문학작품에 살아나는 고향' 이라는 소제목으로 이런 글을 쓴 적이 있다. "고향에 대한 추억은 나의 문학작품에 담겨서 사실성을 담보할 뿐만 아니라 이 시대인의 격앙된 정서를 순화시키는 서정성을 북돋워 준다. 나의 고향은 산골이라 가난과 배고픔, 남루한 옷차림, 열한 식구의 번잡함, 걸어서 다녀야하는 고단함 등이 견디기 힘들었지만 이제 나이가 들어 타향을 떠돌아다니며 살다 보니 그때의 풋풋한 생활이 그립다." 또 '귀향을 꿈꾸는 타향살이' 에서 "셋방살이로 이사만 삼십여 차례 했으니 떠돌이로 살아왔다고 해야 맞을 것 같다. 이러한 어려운 생활도 시를 창작할 때에 도움이 될 뿐만 아니라 작품에서 살아나고 있다. 이제 퇴직이 몇 년 남지 않았으니 앞으로 퇴직하면 떠돌이 생활보다는 고향에서 조용히 창작에 열중하고 싶다."

이는 김왕제 시인의 고향의식이 작품에 나타나는 동기와 현상에 무관하지 않을뿐더러 시인의 작품을 이해하는 데 많은 도움이 될 것이다. 그의 작품을 찬찬히 살펴보면 김왕제 시인의 고향의식은 결핍과 부족에서 촉발된 충격이 파장을 넓혀 체험하고 갈등하며 화해하는 육화(肉化)의 과정 속에서 단단하게 자기 집을 만들고 들어앉아 버린 애틋한 상처가 남아있는 것처럼 보인다. 좋은 것만이 고향이 아니라 내가 그 속에서 구성원으로 몸소 겪으며 극복했던 연민, 애환 등 복잡한 구조를 조건 없이 한꺼번에 껴안아 버린 것 같다. '아프다고 내 것 아닌 게 아니다' 라는 말처럼 고향은 애물단지 같은 것이어서 더 뜨겁게 껴안아야 치유되는 숙명 같은 울타리 안에서 뜨거운 피를 길어 올려 詩라는 그림을 그리는 듯 절실하다. 세사(世事)의 물결 속에 실려 가지만 지향점은 언제나 고향이고 현실에서 겪게 되는 절망조차 고향의 어법으로 고향의 사물을 불러와 아름다운 추억과 무관하지 않은 것으로 만들어 버리는 것이다. 사물 속에서 인식을 찾는다는 것은 선인들의 학문적 용어를 빌리면 격물치지(格物致知)의 단계가 아니던가.

돌아갈 곳이 있는 사람은 얼마나 행복한가. 사랑하는 사람들과 가족이 어울려 서로의 마음을 바꿔 읽을 수 있는 고향은 또 얼마나 따뜻한가. 물론 고향을 외면하는 사람도 있지만 상황이 그럴 뿐 근원적으로 고향을 부정하는 건 아닐 것이다. 길을 가면서도 고향과 얘기한다. 날마다 상처받고 돌아와 후회도 하지만 고향의 풍경으로 고향의 어투로 환치(換置)시켜버리는 것이다. 김왕제 시인의 미적 이미지로 새로운 고향이 되어버린 마음속의 집은 언제나 따뜻하고 풍성한 기억들로 가득 차 있다. 詩의 보물창고인 동시에 어쩌면 시인이 자유로울 수 있는 유일한 사색의 공간인지도 모른다.

먼 산에 잔설이 쭈뼛이는 날에/ 양지바른 밭 가에 옹기종기 앉아/ 푸르기보다 검붉은 빛이 감도는/ 크기나 모양도 다 다른 냉이/ 호미나 꼬챙이로 대충 캐지// 잎이 파랗고 성해서 캐면/ 예상 밖에 뿌리가 작고/ 잎이 작고 검불그스름해서 쑥 뽑으면/ 의외로 굵직한 뿌리에 짙은 향기/

보글보글 된장찌개 맛깔 더하던 냉이// 올봄에는 길 가다 어떤 밭에서/ 모진 추위 긴긴 겨울을 견뎌낸/ 지난날의 추억이 짙게 배어나/ 향수에 젖게 하는 향긋한 냉이를/ 누구와 정답게 캘 수 있으려나.

—「냉이 캐기」 전문

왜 그는 혼자일까. 보란 듯이 직장도 있고, 결혼도 했으며, 성장한 자식들이 기쁨을 주고 있는데 왜 항상 외로울까. 이 근원적인 대답은 그의 내면에 집을 짓고 사는 주인에게 물어봐야 할 것이다. 가족이나 부모님의 보살핌을 가장 많이 받던 유년 시절을 제외하고는 학창시절과 사회생활의 기반을 타향에 두었던 그는 성장하면서 무척 고독하고 외로웠을 것이다. 그때마다 풍성하고 넓었던 고향의 자연과 함께 생활하던 가족의 품을 생각했을 것이고 위안받으며 잠들었을 것이다. 이보다 소중한 것이 또 무엇이 있었겠는가. 그래서 마음 한구석에 아주 집을 짓고 상주하기로 했을 것이다. 얼마나 절실했으면 그리움의 집을 가슴 안에 지었겠는가. 그 안에서 유년 시절의 그리움을 함께 찾고 싶은 것이다. 그런 이와 동거하고 싶은 것이다.

그러나 만만하지 않을 것이다. 외부적인 자극에 반응하면서 순발력 있게 계산의 관계를 맺으며 살아가는 실용적이고 이기적인 사회의 흐름에 길들여진 사람에게 둘러싸여 있으면서 충분한 가시적인 반대급부를 제공하지 못하는 영역으로 사람을 끌어들이기에는 한계가 있는 것이다. 그것도 시대적으로 무척이나 뒤처진 듯한 시골의 토속적인 언어와 사투리를 쓰면서 설득하고 있는 것이다. 이처럼 자신이 유일한 은신처라고 생각하는 고향이 현실과는 동떨어져 추억으로 존재하는 것이다. 흔하지 않으니까 더욱 소중한 것이라 말하겠지만 시인은 이미 옛날의 고향이 온전히 존재하기란 불가능하다는 것을 알고 있는지도 모른다. 그런 현실과의 괴리가 그리움을 더욱 깊어지게 하는 것일 테고 마음속에 집을 짓고 혼자 갈무리하는 영역으로 자리 잡고 있을 터이다.

> 새벽밥 김치에 대충 먹고/ 산나물 뜯으러 온 산을 돌아다니자니/ 허기가 걸음을 멈추게 해/
>
> 메고 있던 산나물자루를 털썩 놓고/ 실개울에 흐르는 물로 목을 축이고/ 너럭바위에 턱 하니 걸터앉으니/ 흙냄새 배인 산들산들 부는 봄바람에/ 실한 곤드레가 살랑살랑 흔들리고/ 솜털 송송 곱게 생긴 곤드레 다복다복/ 허기도 잊고 신나게 뜯으면/ 이내 자루가 한가득/ 곤드레 만한 움큼 더 뜯어 손에 쥐고/ 배에서 꼬르륵꼬르륵 하기에/ 강된장에 비빈 곤드레밥 먹을 생각으로/ 돌아가는 발걸음을 서두르는데/ 꾀꼬리 한 쌍이 훨훨 날아가는구나.
>
> —「곤드레」 전문

김왕제 시인의 고향 찾기는 오늘도 계속된다. 그러나 옛날의 고향은 찾지 못할 것이다. 언제인가는 태어난 유년의 고향으로 돌아가 터를 잡겠지만 이미 그 고향도 추억 속의 고향이 아니다. 고향에 살던 사람도 대부분 낯선 이들로 바뀌었을 것이다. 그가 돌아갈 고향을 어떻게 일구고 실존의 현실로 만들어 갈 것인가. 자못 궁금해진다. 그러나 그가 만드는 고향은 추억 속에 고향과는 다른 고향이 될 것이다. 그곳에서 또 새로운 추억 쌓기가 시작될지도 모른다.

시인의 고향이야기가 누구나 말하는 편안하고 아늑한 그런 단순함의 정서만이 쌓여있는 고향이 아니라는 걸 안다. 아픔과 슬픔과 애증까지 곁들여져 있는 다양한 형태의 소우주가 존재하는 세계인 것이다. 고향을 얘기하는 것이 아니라 당시의 유일한 생존과 어려운 현실을 함께 해결해가는 극복과 조화로운 대화의 공간으로 존재하는 것이다. 어려운 이웃이 보여야 고향이 되고 작은 것도 소중히 아껴 이웃과 나누어 쓰는 미덕이 있어야 고향이 되는 것이다.

산비둘기 우짖는 초봄에/ 양지쪽 산자락부터 능선으로/ 다른 나뭇잎이 돋기도 전에/ 파릇파릇 자라는 참빗살나무 새순/ 실한 새순만 골라 따서/ 다래끼에 차곡차곡 담으며/ 뒤따라오는 아내에게/ 봄나물이 다 약이지만/ 홑잎나물이 혈액순환에 좋다/ 방송에서 본 얘기를 하면서/ 따고 또 따서 다래끼를 채우고/ 부모님 계신 고향집으로 돌아와 살짝 데쳐서 들기름에 무쳐/ 점심상에 놓고 부모님과 먹으면/ 야들야들한 홑잎나물 맛이 너무 좋아/ 봄기운이 입안에 가득 차네.

—「홑잎나물」 전문

우리에게 잊히고 있는 것이 많다. 어떤 나물이 어느

곳에 어떤 형태로 돋아나는지. 그 나물은 어떻게 우리 밥상에 오르고 어떤 역할을 하는지. 시집 『고무신』에 등장하는 산골의 많은 식물은 시인의 작품 속에서 생명을 얻고 새로운 이름표를 달고 감성도감처럼 소개된다. 세상에 존재하는 모든 사물은 모두 소중하다는 듯 식물이 나물로 끝나는 것이 아니라 사람의 역할과 어떤 관계를 맺으며 유용하게 작용하고 있는지 미학적인 시각으로 정답게 통섭(通涉)하는 것이다.

또한 시인이 구사(驅使)하는 언어가 토속어로 정겨움을 주는 이상으로 우리를 친근하게 하는 것이 4.5조 5.7조 또는 사설조의 전통적인 어투와 리듬 형식을 바탕에 깔고 있다는 것이다. 이는 고향의식, 토속어, 산골 정서, 농촌풍경들과 어울려 난해하지 않고 정적인 정서를 한층 고양시켜준다. 마치 한복을 입고 시골길을 가는 노인같이 그윽한 풍경을 만드는 장치가 되는 것이다. 글과 정서, 구체적인 대상물이 서로 어울려 서로 호응하고 안으로 품으며 작품의 깊이를 더해주는 것이다.

방 비워 달라는 십주인 말에/ 허둥대며 옮겨 온 셋방엔/ 조그만 창문이 하나있습니다// 겨울이 채 오기도 전에/ 낡은 창문에 피어난 서리꽃은/ 창문 너머 다채로운 형광 광고판을/ 낯설게 하더니/ 아내에게 정종 한 병 들려서 보내지 못한/ 아버님 생신인 아침에/ 서리꽃이 하얗게 다시 핍니다// 햇살이 비집는 서리꽃 사이로/ 고기 없는 미역국 사발에 뜨는/ 늙은 어머님 모습은 웬일입니까.

—「서리꽃」 전문

고향을 사랑하는 마음이 저리 깊고 아픈 것은 아직 그곳에는 마음 쏟고 정을 나눠야 하는 가족이 있기 때문이리라. 고향이 지나간 추억이 되지 못하고 현재 진행형인 까닭은 그곳에 아직 사랑하는 사람이 남아있기 때문이리라. 타향의 실용적인 이기의 벽에 튕겨져 나와도 다시 몸을 추스르고 희망을 키워야 하는 까닭도 언젠가는 돌아갈 고향이 있기 때문일 것이다. 마음 풀고 서로 따뜻한 체온을 나누며 살아갈 희망을 충전시키는 장소가 아이러니하게 셋방이긴 하지만 내가 처한 어려운 여건보다도 미역국에 고기 한 점 들어가지 않은 국물을 뜨고 있는 가족과 주변의 사람들이 애처롭고 아픈 것이다. 넓고 크게 보면 한사람 건너 이웃 아니고 형제 아닌 사람 누가 있을 것이며 그만한 고향을 갖지 못한 사람이 어디 있겠는가. 보는 관점을 넓히는 것 또한 시인이 꿈꾸고 있는 고향의 울타리 안에 남아있을 것이다.

김왕제 시인의 네 번째 시집인 〈거기 별빛 산천〉의 작품 해설에서 이영춘 시인은 그가 생각하는 고향을 "미적 영혼의 세계와 미적 고향의식"이라는 제목으로 고향, 자아와 전통 찾기,

자연과 동화, 시인의 사명으로 접근을 시도한 바가 있다. 같은 시각을 공유하고 있지만 달라진 점이 있다면 구체적이고 심화되어 주관적인 주장에 그치지 않고 객관성을 보이고 있다는 것이다. 그만큼 설득력 또한 높아지는 것이다.

다섯 번째 시집 제목인 『고무신』은 하나의 대상을 통해 고향에서 겪는 시대별 고난을 역사의식으로 잘 표현한 2017년 강원문학상 수상작품의 시 제목이기도 하지

만 작품 전체 6부에 거쳐 각각의 다른 사물을 통해 고향을 구체화 시키는 작업을 하고 있는 듯하다.

내 입으로 고향을 말하는 게 아니라 두두물물(頭頭物物) 각각의 사물, 대상물을 통해 어디서, 어떻게, 무엇을 위하여, 어떤 모습으로 존재하고 또 사람에게 어떻게 유익하게 작용하는지를 구체적으로 보여주고 있는 것이다. 만물은 궁극적으로 하나로 통한다. 어쩌면 고향의식이 이합집산이 강한 현대사회의 현실 속에서 어떻게 작용해야 하는지 무엇을 추구해야 하는지 보여주고 있는 것이다. 문학이 각각의 시각으로 존재하지만 결국 삶의 양식에서 선한 작용으로 손을 잡을 수밖에 없는 동질로 존재하는 것이다. 모든 작품이 시경(詩經)에 나오는 시적 대상물과 같이 주변에서 찾을 수 있고 누구나 사용하고 있는 체험적 언어, 토속어와 사투리를 사용하고 있는 듯하지만 전혀 속되고 오염되어 있지 않다. 생각도 맑고 깨끗해 작품을 대하는 이로 하여금 즐거운 마음을 갖게 하는 것이다. 한마디로 문학이나 학문적 정의(定義)뿐만 아니라 고향을 생각하는 마음이며, 고향과 함께 숨 쉬는 사람과 사물을 넓고 유순하게 포용하고 아끼는 자연 친화적인 삶의 뼈대로서 시(詩)의 금과옥조인 사무사(思無邪)를 생각해 보게 되는 것이다.

연고도 없던 도시에 불현 듯이 와 살며/ 가로등 훤한 퇴근길에 반짝이는 별을 보다/ 아마/ 보라색 감자꽃이 온 밭에 필 때에/ 감자밭 두둑에 북을 주던 할머닐/ 누렁개와 함께 찾아 나서던 저녁/ 밭으로 가는 길에 지나다 우연히/ 개울에서 머리 감던 소녀를 만나/ 한참을 지켜보다 그러다 소녀와/ 개울가 너럭바위에 앉아 별을 헤다가/ 소녀의 눈에도 무수한 별이 초롱초롱/ 나는 그 별을 수없이 헤며/바람이 실어온 꽃향기에 취할 즈음/ 누렁개 꼬리치며 보채서 돌아볼 때에/ 달빛이 휘영청 내린 오솔길에는/ 손등으로 허리 두드리며 다가오던 할머니/ 아마도 그 날에 봤을까/ 별이 총총 까만 눈동자에/ 순박한 사내아이 새카만 얼굴/ 오늘 매캐한 황사공기를 호흡하며/ 희미한 별빛 어디쯤에 혹 있지 않을까/ 아직도 별 바라보기를 멈출 수 없습니다.

—「별 바라기」 전문

오늘도 시인이 살고 있는 낯선 도시, 타향에는 별이 뜬다. 그러나 그 별조차 시인에게는 고향 하늘에 뜬 별이고, 할머니, 개울에서 머리 감던 소녀이고, 순박한 사내아이의 눈빛이다. 그 눈빛은 시인이 추구하고 있는 문학의 순수성임과 동시 문학의 존재가치를 대변하는 동시 성취하거나 돌아가야 할 본질, 원류일 것이다. 사람이 아름다운 이유는 두 개의 눈으로 사물을 바라보기 때문이다. 작지만 소중한 것, 주변에 있는 사소하지만 혼신을 다해 존재하는 사물을 찬찬히 들여다보는 것이 나를 찾는 일이 될 것이며 우리가 함께 살아가며 공유해야 할 존귀함을 인정하는 일인 것이다.

하늘의 빛깔이 푸른 까닭은 무엇 때문인가?/ 우리 사는 삶이/ 때로는 울며 때로는 웃고/ 때로는 슬프며/ 때로는 즐겁건만 / 그 누구라도 삶을 사는 동안에 자신이 삶을 온 가슴으로 품어 안아/ 이 세상에 사는 이들을/ 그 가슴으로 받아들일 마음이 열릴 때라야/ 비로소 그의 가슴에 푸른 마음이 깃들듯이 하늘의 빛깔이 저리 푸른 까닭은/ 아직 이 혼탁한 세상에서 아픔 앓는 그 누군가를 품어 안을/ 어느 누군가가 있기 때문이리라.

—「하늘의 빛깔이 푸른 까닭은」 전문

헤매는 사람들도 돌아갈 곳이 있어 바쁘게 움직일 것이다. 내가 소중한 고향을 생각하듯 저 들고 달려가 감싸고 따뜻한 체온을 느껴야 할 가족이 있기 때문에 저리 서둘러 갈 것이다. 이제 내 안에 추억으로 있던 고향과 현실에서 만나는 고향이 서로 손 내밀고 화해해야 할 것이다. 높은 산에서 내려다 본 사람이나 낮은 자리에서 산마루를 올려다보는 사람이나 똑같이 서로 바라보고 배려해야 할 대상이 있기 마련이다. 다만 한쪽에서 바라보기 때문에 편견이 되는 것이다. 이것이 틀린 것과 다른 것의 차이를 탐색하기 시작하는 시인의 호기심 어린 눈빛이 기대된다.

누구라도 편히 앉을 수 있는/ 봄바람이 산들 머물다가는/ 세월의 자욱이 흠씬 밴 빈 의자//

고급스럽지 않아 편한 빈 의자//

아무 타박도 없이 조용조용/ 서럽거나 즐거운 이야기 나누면/ 가슴의 응어리 사그라질 빈 의자// 도란도란 흘러가는 강물 소리/ 들꽃향기 번져 벌 나비 나는 나절/ 오늘도 홀로 앉은 빈 의자// 강물 소리 들꽃을 벗 삼아도 좋을 / 봄볕이 너그럽게 부드러운 날에/ 나는 아직 누구를 기다리는가.//

—「빈 의자」 전문

고전에서 이런 글을 본 적이 있다. "里人이 爲美하니 擇不處仁이면 焉得知리오.-(論語) 마을의 인심이 어진 것이 아름다우니 어진 마을을 골라서 살지 않으면 어찌 지혜롭다 하겠는가."

그의 고향은 그리움 일색인 풍성한 고향이기보다 왠지 문창호지에 비추는 달빛처럼 맑지만 깊고, 애틋함이 스며있는 것 같아 지켜야 할 변방처럼 고독해 보이기도 한다.

고향을 잃어버렸거나 찾지 못하고 몰려다니는 정신적 이방인이 너무 많다. 고향을 갖지 못한다는 건 현실에 대한 부적응이나 결핍이며 견딜만한 아픔을 함께 공유하고 애틋한 마음으로 감싸 안는다는 것은 행복을 찾아가는 길이기도 하다. 풍성하고 아름다운 삶을 살기 위해서 오늘은 깊게 고향을 생각하는 시간이 되었으면 좋겠다.

추상적이나 관념적인 해체의 시가 대세인 현실에서 기웃거리지 않고 정서의 순화를 위해 고향을 토속적인 언어로 극대화해 나가는 김왕제 시인을 대할 때 대한민국에 이런 정체성 있는 시인이 꼭 있어야 하지 않나 생각하며 독자들의 가슴에도 고향을 만들어 주었으면 좋겠다는 바람을 가져본다.

시집 후반부에 보이는 유순한 포용의 손길과 시선으로 고향을 잘 가꾸고 세워 그가 귀향할 고향은 아름다운 추억이 깃들어 있는 유년의 고향처럼 더불어 아름다워지기를 바란다.

문학세계대표작가선 856

고무신

김왕제(왕기) 제5시집

인쇄 1판 1쇄 2018년 6월 22일
발행 1판 1쇄 2018년 6월 30일

지 은 이 : 김왕제(왕기)
펴 낸 이 : 김천우
펴 낸 곳 : 도서출판 천우
등 록 : 1992. 2. 15. 제1-1307호
주 소 : 서울시 성동구 무학봉28길 6 금용빌딩 2F
전 화 : 02)2298-7661
팩 스 : 02)2298-7665
http://moonhak.wla.or.kr
E-mail : chunwo@hanmail.net

값 10,000원

* 이 시집은 강원도와 강원문화재단에서 일부 지원을 받아 발간되었습니다.

ISBN 978-89-7954-724-5

이 도서의 국립중앙도서관 출판예정도서목록(CIP)은 서지정보유통지원시스템 홈페이지(http://seoji.nl.go.kr)와 국가자료공동목록시스템(http://www.nl.go.kr/kolisnet)에서 이용하실 수 있습니다. (CIP제어번호: CIP2018020530)